喜之客
SI-TSU-KE
Super Ama's Parenting Tips
Super阿嬤的超級教養術

Super阿嬤 李金娥 著

什麼是「喜之客」？

「喜之客」是Super阿嬤的趣味發明，來自日文漢字「躾」（發音為si-tsu-ke，舉止、修養美好的意思）的諧音。意思是教養好的孩子，身體的動態從每個角度看起來都很美、很舒服，這樣的孩子到哪裡都受人喜愛，就是一位「喜之客」。

緣起 Super阿嬤與「喜之客」

Part 1 煮食

目錄 | CONTENTS

Part 2 做家事

Part 3 個人生活禮儀

推薦序

復育賢慧家庭主婦

夏瑞紅／作家

有一天，忽然想到，自己是這樣長大的：

十歲前，毫無「垃圾」概念。當年物資有限，所有東西都必須一再「輪迴重生」。大人的破衣服改一改，變小孩的褲子；果皮菜渣和一和，變牲畜的飼料；即使已到完全無用境界，仍可化身堆肥，或投效柴薪。一切自有出路，沒有東西會杵著當「垃圾」，讓人必須白白拋棄。

十五歲前，很少吃不認識的人做的食物。那時人們大都在家吃飯，親友常互贈收成果菜或自製點心，偶爾去柑仔店買汽水、泡泡糖，就算特別牙祭。

二十歲前，學校制服外，幾乎只穿媽媽做的衣服。那樣就夠穿了，四周朋友沒人在計較名牌行頭。

後來，整個社會「發」了，下一代是這樣長大的：

一出生就遇見各種免洗、可拋、一次性物件，從尿布、濕巾、塑膠袋、包裝紙、飲料罐，到流行旋風中接力快閃的玩具、教具和三C用品。「持久耐用」已不是他們對東西的期望，輕鬆delete、隨時update、永遠煥然一新，才是王道。雖然從小就被教育「垃圾分類」、「資源回收」，但那只是概念，垃圾一丟就與我無關，才是每天的事實。

他們不得不吃不認識的人做的食物。因為家裡幾乎不開伙，經常上餐館、買便當，即使見過廚師、攤販，其食材也來自中央廚房或工廠料理包。要他們吃東西時感懷天地農夫，有點強人所難，因為從他們的角度來看，食物天生就是商品的樣子。商品食物貼條碼、標價錢，記註成分、產地、公司電話、製造日期，看似一清二楚，但吃下去終究不明不白。

他們從小就懂造型，勤於追逐時尚，在意品牌形象、廣告代言，普遍相信這不僅關乎丰采品味，甚至是人格的符號了。對他們來說，穿媽媽做的衣服已屬古人行徑。

這今昔之別，除大環境因素外，也因小環境變了——那個每天忠實地坐鎮在家，讓滿屋子因她而生生不息、也讓全家人得到安穩依靠的主婦，已經「離家出走」了。

我的忘年之交，台南五柳枝生活文化協會創辦者、人稱「Super阿嬤」的李金娥女士，是個「資歷」超過半世紀的全職家庭主婦。談起家事，她能從廚餘講到生態保育、民生農糧；從餐桌講到家教門風、生活真諦，渾身「資深家庭經理人」的架式，洋溢著專業自信。

她敬重過去勤儉樸實的生活方式，認為在這方面，依賴金錢、過度消費，又一味追求方便快速的目前社會，其實是大開倒車，而非進步。

她觀察到，大家的享受增加了，但健康快樂卻未必增加；家庭束縛鬆綁了，但精神壓力卻未必減輕；環境、教育、兒童與青少年問題，也日益嚴重。她認為，這些痛苦的根源之一，就在於家庭失能、生活脫序。

為此，她宛如傳教士般，帶著自創講義、教具，長年奔波於南台灣，宣揚家庭餐桌是孩子生活與品格的教室，也是國民健康的基地，呼籲大家回歸家庭、好好做飯，並善用每日家事以身作則，教養優質的下一代。她志於「復育」賢慧家庭主婦，硬是「不信春風喚不回」！

Super阿嬤一身持家工夫得來不易。畢業於台南女中的她，在當年算是稀罕的高學歷女性，但她自幼一樣跟著祖母和媽媽學習家事，嫁作「先生娘」（閩南語，醫生的太太）後，又全心投入相夫教子，同時還要為全醫院員工和住院患者料理伙食。因此她特別能體會，現代職業婦女在兼顧家庭上面，更需進一步的「管理智慧」。

很高興大塊文化慧眼獨具，出版了Super阿嬤的《喜之客》。這不是學者論述，也不是作家、名嘴的家庭生活散文，這是三代經驗結晶的家政基本功秘笈，也是Super阿嬤修鍊一輩子的子女教養手冊。

儘管世界變化劇烈，但那單純、安靜和充滿手工溫馨的生活原味，至今歷久彌新。因此，我樂於推薦這本書給所有朋友，特別是新世代的女性，源遠流長又博大精深的家庭主婦文化，正等妳來承先啟後呢！

推薦序

「身」與「美」的結合，打造感恩多謝、富而好禮的地球村

賴清德／台南市長

台灣的教育環境，對於「德、智、體、群、美」五育並重的概念已耳熟能詳，而德育最優先被提及，即顯示品德教育的重要。品德教育的培養環境及教養態度，必須結合家庭、學校與社會，透過生活來實現，讓孩子在成長過程中形塑正確的品格態度，成為身心健康、愛人愛己、懂得尊重生命、關心鄉土的未來世代。

要如何成功推動且落實品德教育？我相信應從「心」做起。台南市教

育局成立「品德教育推動小組」，從培養「感恩多謝」的心為出發點，希望讓大台南成為富而好禮的社會：學生知道感恩，自然會尊師重道；做子女的知道感恩，自然會孝順父母；街坊鄰居知道感恩，就會關心鄰里；一個人人感恩的社會，自然和諧歡喜。

品德教育是身教重於言教，教育局推動「有品台南」計畫，教導孩子從遵守交通規則、協助廁所清潔工作、做好垃圾分類資源回收、在家裡分擔家務等生活細節開始，養成良好的品德習慣；教育局也與民間社團合作推廣「大廟興學」系統，讓在地信仰中心的廟宇發揮教育功能，目的在讓孩子從鄉土與長輩身上，學習生活的智慧，並能主動關心社區與自然環境；市府所設置的「家庭教育中心」，則對於單親、隔代教養、新住民等弱勢家庭子女，提供放學後的晚餐、學習才藝機會及品德教育、生活技能教育等，結合家庭、學校與社會的力量，營造有利孩子品格發展與溫馨關懷的環境。

本書作者Super阿嬤李金娥女士是台南地區有名的「先生娘」，二〇〇一年成立「台南市五柳枝生活文化協會」，即積極推動家庭生活好教養、愛物惜物、感恩惜福及生態環保等議題，並深入校園推廣品德教育，讓學生能有良好的品格與正確的道德觀，對精緻教育品質，貢獻良多，也是值得大家學習的對象。

「好教養是傳承來的，好習慣一生受惠無窮。」阿嬤用半世紀的經驗結晶，把廚房餐桌當成生活與品格的教室，藉由寓教於樂的方式，讓孩子在自然情境中，養成良好的生活習慣與處世態度，給孩子一輩子都受用的技能，清德在此推薦大家這本《喜之客：Super阿嬤的超級教養術》，本書值得孩子好好學習運用，也適合為人父母者細細體會，將阿嬤的「撇步」，運用在日常生活的教養中，培養孩子優雅的品德舉止，成為懂得感恩、人見人愛的「喜之客」，更進一步打造富而好禮的祥和社會。

＊Super阿嬤油畫作品

自序

好教養是傳承來的，好習慣一生受惠無窮

如果說我是一位育兒專家，Super阿嬤真的不敢當，我只是一個不專業的全職家庭主婦。透過這本書，我想跟大家分享一些養育兒女的小撇步，這都是出自好幾代來自基層台灣阿嬤帶囝仔的經驗累積。古早年代的阿嬤不起眼、沒有太多錢買東買西、生的孩子又多，但阿嬤們在「沒有」中想辦法變出好多方法，吃的穿的用的玩的都難不倒，把孩子一個個養大。阿嬤們所琢磨出點點滴滴的經驗是最自然的，做起來省力，也有效果。藉著這本書把這些經驗、小故事記錄下來，讓自己不會忘記，寫著寫

著，好像又回到當年我的阿嬤、阿母、我自己在灶腳帶孩子的情景。

我出生在日人統治的戰亂時代，小時候物質生活很匱乏，但家人感情都很深厚，鄰里之間也很團結，比如說，某家飼養的豬是收取村人的廚餘養大的，豬仔長大後，全村男性都來幫忙殺豬，全身都充分利用不可以浪費，根據大大小小的需要一一分送：「村長，這豬腳給你做壽，做豬腳麵線。」「大伯公，這豬腦送乎你補身體。」「豬膽給小孫女洗頭髮，洗完更黑更亮！」……就這樣，村裡每一分子就像一家人，大大小小都很重要，人與人之間互相愛惜，每個人都嘗到快樂與幸福的味道。

婚後我全心全意投入持家，養育五名兒女，一路從太太、媽媽到成為阿嬤，盡忠職守到今日。少年時、物資及設備缺乏，沒有什麼瓦斯、電冰箱，我天天起火煮飯，還記得常常被炭火煙燻得淚流滿面的趣味情景。四、五十年前要喝一杯涼水，要騎著「自轉車」（閩南語，腳踏車），到街上買二十立方公分的「冰角」（閩南語，冰塊），用草繩捆成十字，怕冰角融化，要緊緊踩著自轉車，趕回家弄碎，給一家大小享用。那個踩著車輪的情景雖然很遠了，但還一直在我心裡。

到了有現代設備時，我研究起煮食的技巧和冰箱的管理，使煮食操作的步驟更簡單便利。當年在醫院，我要替病人打點伙食，「吃」是顧健康的基礎，好好的吃，每個人都遠離疾病，健保醫療資源也就不至於浪費了。若是每家人都能和樂融融的用餐，感情會更融洽，生活也增添了趣味。

每日在廚房張羅著家人的三餐，我就趁著孩子跟在腳邊的時機，教導孩子規矩。我生在日本時代，學校老師曾教我許多待人接物、打理自己的好規矩、好習慣，我成了阿母、阿嬤後，也傳授給身邊跟進跟出的兒女、孫輩們。及早培養孩子生活禮儀與生活能力是我心頭最掛意的事。比方說，孩子懂得煮食、能辨別該吃什麼、怎麼吃，以後就不怕餓肚子；懂得摺衣服、收拾器物、洗衣晾衣等，就能將生活大小事處理得圓滿順手；養成使用浴廁、作客禮節等生活好習慣，不會「顧人怨」（閩南語，不受歡迎）。這麼一來，做為家長的都能樂得輕鬆，也可以安心放孩子出外打拚了。

十多年前先生退休，孩子也成家立業了，我的家庭課程圓滿修完，也該整理主婦生活中累積下來、有的沒的點點滴滴的經驗了。幾十年來圍繞身邊的、不起眼的小東西，也不值幾個錢，卻都各有各的可愛。即將下鍋的府城虱目魚、關廟的竹筍、四季的水果、桌上的瓶花、祖孫出遊的追憶，我都想捕捉起來留念，便玩起了油畫。我沒找老師、沒學畫，就這樣自己拿起畫筆隨手亂塗。生活種種好像定格了，每個生命裡的畫面都凝結在畫布上。這些畫就像我的話，要說的也是小小的感動、小小的故事。

＊這幅畫的名字叫「憶羅斯福路」，是女兒畢業典禮那天的情景。

＊美麗的台灣香蕉園，是我的最愛。

＊這幅畫有個名字叫「夢幻心帶貓」，因為女兒無法帶愛貓出國，我畫貓讓她帶去，隨時看貓、想貓。

除了拿起畫筆，我還能多做些什麼呢？我有著好打抱不平的性子，看不下去就要說。和先生到淡水旅遊時，見到沿岸風光好美，便興起種樹之念，回到台南後，眼看機車、攤販恣意蔓延到騎樓，嚴重危害公共安全及景觀，便挨家挨戶詢問鄰居意見，開始免費替大家種樹，讓街景充滿綠意，變得更美觀，厝邊頭尾都歡歡喜喜。於是，我起心動念，將腳步跨出廚房，投入社區關懷以及環保的工作。

二〇〇一年五月，我看到媒體報導台南市的廚餘每天高達一百六十噸，驚訝之餘，我親自拜訪了二十三家親友的冰箱，發現市場買回來的食物有三分之一是在冰箱裡腐爛掉；有三分之一是煮了沒吃完，變成廚餘；真正被煮了、吃了、吸收了的只有三分之一，這是非常不環保，也很不健康的。對於煮食人而言，不懂得運用冰箱與食材，即使有心做也無力氣，真是可惜！我畫下一幅「讓這畫面不再重現」的油畫，一位在公司忙了一整天、下班回到家後，提著皮包與菜籃撲倒在餐桌上絕望的女性，這就是許多職業婦女的寫照。我想到，多年來操持家事的經驗正可以分享給厝邊頭尾，使主婦們不再難為。真的，讓這畫面不再重現！

於是，我和志同道合的朋友們在舊醫院院址成立了「台南市五柳枝生

＊讓這畫面不再重現。

活文化協會」，提倡「台灣生活維新」，以傳承阿嬤時代勤儉持家的生活智慧、台灣民間的飲食文化、傳承傳統家庭生活為目的。「五柳枝」就是台灣料理「牽羹」（閩南語，勾芡）的做法，老一輩的主婦將拜拜用的、保留有頭尾的魚油炸，在晚上開飯時以蔥、薑、蒜、洋蔥、胡蘿蔔等五色配料勾芡，做成「紅燒魚五柳枝」，便是一道色香味俱全的一等料理。「窮則變、變則通」的古早生活智慧，搭配上簡便的操作方法，可以使現代人的家庭生活更有品質。多年來，為了「台灣生活維新」理念的推廣，我走進各地的學校、社團、企業、外籍學生中心，也開放自家廚房做為教室，示範健康又簡便的台式料理，也推廣更健康自然的生活方式。我希望在生活各層面的實踐中，「台灣文化」是可以看得到、吃得到、感受得到的存在；「發揚台灣文化」不是空口說白話，而是真正做得到的價值。

而近來親子教養、青少年問題頻頻出現，大人們總以為讓孩子在外奔波課後補習、上才藝班、畫畫課，才能提升孩子的知識與能力，卻沒想到，家庭親子交流時間減少了；更沒想到，「家」是個充滿現成教材的生活教室，學習可以很簡單就落實在生活裡。我想將自己歷來在家中教養兒孫的經驗分享給大家，可以幫助家庭親子情感交流，也從日常生活習慣中

＊成立於舊醫院院址的「五柳枝生活文化協會」，其牆面以Super阿嬤的畫作裝飾。

培養下一代自愛、負責的觀念，讓現代的父母們輕鬆一點。我擬定了一套「喜之客」教材；「喜之客」來自「躾」（日文漢字，讀音si-tsu-ke，舉止修養美好的意思），是養成好的生活習慣，可使孩子處處受人喜愛，成為「喜之客」。我為了推廣喜之客的理念，走入南台灣的小學校園，我很節儉，利用柚子紙箱做成教具背袋（由回收柚子紙箱、一口木框和一疊自畫的厚紙板組成，可像手工電視一般，一張張拉開播放），在校園的大樹下，對著一個個孩子，由正確捧碗、拿筷子、抹水漬、做家事做起，教會孩子們一生受用不盡的好習慣。在校園裡，從孩子天真的笑語、小手拿著教具、小臉凝視我的認真表情裡，我聞到幸福的味道，也看到未來的台灣有好多希望。

五柳枝文化協會成立、推動許多事以來，開始有人暱稱我為「Super阿嬤」，許多人蒞臨協會參觀，媒體也陸續披露報導。大塊文化的郝明義先生聽說了，便專程與外國朋友南下探訪，說是要來學我設計廚房、管理冰箱、料理煮食、布置收納，以及居家生活習慣等小撇步。郝先生年齡和我的孩子相仿，個性開朗熱情，讓我倍感親切，好像自己的兒子一般。一到我家，他一再稱讚我的冰箱與居家布置，直說是台灣家居傳統美感的展現，我覺得很「歹勢」（閩南語，不好意思），也很開心。郝先生小住幾日，幾頓飯下來，也十分喜愛台式傳統料理。看到他吃得滿意，就是我這個煮食人最大的快樂。郝先生離開時，一再邀請我為大塊文化出書，我不好意思將這些不專業的、有的沒的經驗交給專業出版社，但禁不住郝先生熱情的邀約，於是將正在致力推廣的「喜之客」教材授權給大塊文化出版。我這平凡主婦的小心意，讓大家見笑了。只希望能有助於推廣正確的生活教養，培育更多小小「喜之客」，希望讀者們別棄嫌呀！

＊Super阿嬤自製「喜之客」教材、教具，就這樣走到小學裡。

最後要分享的是，我幼時經歷了日人統治與戰亂，之後六十幾年來，深深感受到人生有許多不可抗拒、不可操縱的無助與無奈；我們無法選擇生於富貴或貧困之家，也無法選擇處在順境或是逆境。近年來社會快速轉型，台灣經濟發展，人們也富裕了，卻出現生態環境受破壞、天災地變頻傳的恐慌；在個人而言，生老病死、輪迴轉世也往往不能自主。我體會到，唯一可以掌握在自己手裡的就是「自愛」，千金萬金都比不上一個好習慣：好好照顧自己，與他人良好互動，保持規律生活與吃得健康，才是自愛的表現。我期望這本書能幫助未來的小小公民們培養健康的身心，逐漸壯大自己，有能力去愛人，去關心鄉土，這樣，每個人、每個家庭才能擁有更幸福的明天。這是我唯一、也是衷心的希望。

躾

si-tsu-ke

喜之客

緣起

Super阿嬤與「喜之客」

「喜之客」圍繞著孩子的一天作息，
從穿脫鞋襪、浴廁禮儀、煮食、用餐、
坐姿、綁鞋帶等等，
都有生活規矩。
這不是微不足道的小事，
孩子自小就有好教養，
才能把好的生活習慣保持到老，
再傳給下一代，成為真正的傳家寶。

故事

請孩子們來當「喜之客」

四十多年前，我搭飛機出國省親，在機上我坐靠走道的位置，旁邊是一位東方臉孔的中年男人。奇怪的是，每當有人用完飛機上的洗手間出來，他就起身去洗手間，不知道在觀察什麼，回到座位後又頻頻在筆記上記錄東西。我看他來來回回好幾次，感到十分好奇，看來似乎是一位日本人，就隨口用日語問他在做什麼、記錄什麼？他沒察覺我是台灣人，也用日語回答：「我是個研究人類行為的學者，正在觀察各國人使用洗手間的習慣。」問他有何發現，他說：「我發現台灣客人用過的洗手間的洗手檯面最髒亂。洗手檯邊的水漬不清理，用品也很雜亂不歸位。所以台灣人的生活習慣較差。」他因為沒發現我是台灣人而說出的率直言語，讓我啞口無言，覺得又難過又不好意思……

為什麼國際航線的眾多旅客中，台灣客的習慣最不好呢？台灣人明明是很善良，懂得關心他人，也會體貼他人感受的呀！為什麼在飛機上的舉止非但顯現不出這善良、美好的一面，卻讓人覺得髒亂、習慣不好呢？也許是教育出了問題？

這趟旅程中，我茶不思、飯不想，試著找出台灣人帶給他人習慣不好的印象的種種原因。回台灣後，我仔細觀察，雖然台灣人善良有愛心，但父母很少注意孩子的生活教育，學校裡也沒有教導生活習慣的課程，造成有部分的人生活習慣較差，為他人帶來不便，甚至造成群體的負擔。這些習慣不好的人無論是在鄰里中、學校裡，因為生活品質差，連帶使自己的外在形象也不好，結果影響了人際關係，不只是自己的損失，也使群體生活不能和諧。唉！不好的生活習慣形成了不好的結果，是多麼遺憾啊！

因為這樣，我開始在「台南市五柳枝生活文化協會」推廣好的生活習慣。我們首先由孩子的家庭教育著手。先針對孩子，是因為習慣如果能自小養成，可以跟著人一輩子，無論是打理自己的生活或是照顧家人，都是人一生可貴的資產。針對家庭教育，則是因為父母親可以隨時為孩子做好機會教育，讓孩子沈浸在好的學習環境、好的親子互動中，自然培養出懂得為他人著想、為自己負責的正面人格。

要推廣時，我靈機一動，想到日文漢字「躾」（發音為 si-tsu-ke，亦即舉止及修養很美），小時候在學校裡，老師常提醒我們行為舉止要有教養、待人接物要有禮貌。我覺得「躾」這個漢字真正趣味，好像在說身體的動態不管從那個角度看，舉止都很美；外表可以打理得整齊乾淨，內在可以教養出好的習慣，對外在環境也能有美好的品味。這樣的美不需要矯揉造作，也不需要勉強，是從裡到外自自然然散發出來，讓身邊的人看起來美，相處起來舒服、自在、歡喜。我將「躾」諧音翻譯為「喜之客」，也就是自小養成良好生活習慣的孩子處處能受人歡迎、受人喜愛。我設計的一套培養生活好習慣的課程則稱為「喜之客教材」。學齡前約一歲半的孩子就可以開始引導學習了，直到成人。逐步養成之下，在家是好兒女、在婚姻是好配偶、在社會是好公民，台灣社會便成為高品質、健康、有禮、互愛、有教養的美好土地。

＊讓下一代的小朋友在學習中快樂長大，養成好習慣，是我最掛心的事情。

這套「喜之客教材」圍繞著孩子的一天作息，分為三大部分，共有二十堂教養課：第一部分是煮食課程，包含下廚的前置作業、準備、量米洗米煮飯、認識蔬果學切菜、燒開水、整理碗筷、洗碗筷、認識四季彩盤等八堂課；孩子可以藉由煮食懂得體會父母的愛心、學會獨立、發揮創意。第二部分是家事操作，包含打理自己、摺棉被、洗衣服、曬衣服、收納、掃地等六堂課；可以幫助孩子練習手眼協調、鍛鍊認知判斷能力、學會負責、互助合作。第三部分則是個人生活禮儀包含家教、衛浴禮儀、洗臉刷牙、出入鞋子擺放、餐桌禮儀、開發五感等六堂課；孩子能學會生活自理、養成氣質、培養生活美感。孩子的教養、習慣不是微不足道的小事，孩子自小就有好教養，才能把好的生活習慣保持到老，再傳給下一代，成為真正的傳家寶。

阿嬤講故事

「躾」說文解字

躾是一個日文漢字，讀音為si-tsu-ke，是指有好教養的意思，例如有好的生活習慣、懂得守規矩、恰當的待人接物、有公德心、不擾亂環境秩序……等等。「躾」諧音為「喜之客」，也就是人人都能成為「教養好且受歡迎的客人」，好的家庭教育下，孩子懂得自愛，大人自然歡喜、輕鬆，媽媽成為「喜媽媽」，阿嬤成為「喜阿嬤」。

台灣囝仔

守護孩子到成年的台灣傳統，「做十六歲」的府城古禮

台灣人都是關愛孩子、栽培孩子的。我會義務推廣「喜之客」課程，也是出於守護孩子成長的一片心意。古早時代的台灣就有個習俗，父母為了替孩子祈福，能平安快樂「轉大人」（閩南語，長大），在孩子周歲時，帶到寺廟祈求七娘媽（幼兒的守護神）、註生娘娘、觀音媽、媽祖等神明的護持庇佑，以古錢、銀牌、鎖牌或是平安符以紅絨線串成絭，配掛在寶貝孩子頸上，相當於做神明的「契子」（養子），由神明照顧，保佑孩子「好藥飼」（閩南語，容易養）、逢凶化吉。父母們會為孩子許下願望，如果孩子順利長成十六歲（古早時以十六歲為成年），必到廟中還

願。此後每年七夕，父母都會帶孩子至廟中祭拜，並在神位前換上新的紅絨線，稱為「換絭」。很多台灣人都有戴紅絨線長大的經驗，那是爸媽寶貝孩子的禮物。

孩子在爸媽的關愛、神明的看顧下慢慢長大。到了十六歲這一年的七夕，父母就歡歡喜喜來還願，準備好四果、五牲、六碗、七碗甜芋、麻油雞酒……等貢品，還有用竹紮紙糊的「七娘母亭」紙樓台，感謝七娘媽保佑孩子平安，就是「做十六歲」的台灣禮俗。男生穿上狀元服、女生穿鳳冠霞帔，鑽過貢桌及父母拿著的七娘母亭紙樓台，鑽過時不可以往後看，象徵孩子從此之後的人生要「筆直向前」，起身後男生往左轉三圈，女生往右轉三圈，稱為「出婆姊間」或「出姊母間」（或稱「鳥母間」），表示從此自己的言行要自己負責。之後再焚燒七娘母亭，並將身上自小配掛的古錢、銀牌、鎖牌或是平安符取下，完成整個成年禮。「做十六歲」是很有趣味又有意義的禮俗，教導少年男女以感恩的心，來迎接成年人生的開始。

「做十六歲」成年禮活動在府城最為興盛，是府城的大日子。它的源由可以上溯清朝海運時代，府城大西門外有新港墘港、佛頭港、南勢港、南河港，安海港等五條水道，舊稱「五條港」（現今西門路以西、金華路以東的成功路到中正路一帶），是府城對外貿易的心臟地帶，當地五姓家族各占一港。五條港商行雲集，來往船隻進出貨物分據碼頭，居住各港的勞動者多以搬運貨物為生。其中成年勞動者可領「大工錢」（閩南語，全薪），不滿十六歲的未成年童工因為力氣小，整天勞碌也只能領半薪。所以當地勞工的孩子一到十六歲，會為小孩做成年禮，家長請來工頭、鄰里，分贈「紅龜粿」慶祝小孩成年，可以領取全薪，成為家中經濟的支柱了。因此，「十六歲」對於五條港的居民而言，不但代表長大，也代表將負起家庭及社會的責任。這個傳統自清雍正年間至今，已超過兩百五十年了。

「做十六歲」是府城許多少年男女一生中的大事，我也一樣懷念自己的小時候，以及當年「做十六歲」的溫馨。但許多日治時代的銀髮族阿公、阿嬤因戰亂生活困苦、躲空襲，少年時沒有被好好疼惜，更沒有福分「做十六歲」。為了寶貝這些阿公、阿嬤，幫助他們彌補一生的遺憾。在前幾年的七夕，府城除了為少年人做十六歲，我和五柳枝生活文化協會還舉辦了為銀髮族「補做十六歲」的活動，還有一位程謝阿女阿嬤跟剛好十六歲的外孫女一起來。那一天，在康樂街西羅殿、對面風神廟接官亭出

*雖然已經是阿嬤了，我還是像孩子一樣喜歡盪鞦韆。古早時候很難有機會玩到，幾年前我乾脆在家中陽台架設一座鞦韆。累了，盪盪鞦韆、唱唱歌，就像回到小時候。

＊我親自設計的「補做16歲」T恤，發給來參與的阿公阿嬤們。

現一個讓人難以忘懷的畫面：「做十六歲」的少年少女要跪地鑽過「七娘媽亭」及神案；「補做十六歲」的老人家則列隊走過象徵「七娘媽亭」的接官亭。年少的期許未來能更好，擔起更大的責任；年長的重溫當年甘苦、補足了過往的缺憾；每個人都歡歡喜喜、圓圓滿滿的過十六歲。

我在協會準備了府城傳統點心小吃茯苓糕、豆花、碗粿、杏仁茶和冬瓜茶招待大家，會場還備了沙包、陀螺、毽子等各種古早童玩，讓小朋友陪著阿公阿嬤一起重溫小時候。最年長九十歲的鄭陳金盆婆婆說：「好像回到了十六歲少女時代！」像電影穿越時光隧道一樣，大家回憶當年，有哭有笑，但眼淚和笑容都發自喜悅和感動。

雖然，兩代台灣人的命運際遇大大不同，外在的世事環境也一直在變化著，但是，以台灣人無窮的韌性，任何苦難都可以用互相愛護與珍惜的心來撫平，剩下的，是幸福的感覺。

躾

si-tsu-ke

喜之客

PART 1
煮食

如果孩子不曾參與煮食的過程，或總是吃速食的成品，
孩子體會不到食物的製作過程，
感受不到食材準備與製作的辛勞，
自然不懂得珍惜食物，也不懂得感謝煮食人的愛心。
教育當局常說要培養惜物感恩的好品格，
不必多麻煩，只要孩子在廚房邊做、邊玩、邊學就好了。

第1堂課

大手牽小手煮食趣

我的五個子女、七個內外孫，都伴著我在廚房裡長大，也都多少學會煮食的工夫。有些人認為下廚煮食是辛苦的工作，尤其是孩子在身邊吵吵鬧鬧，煮飯時間雖到卻分身乏術，便以外食解決一餐，我覺得實在可惜。大人如果能親自下廚，不但顧到健康，也能教養孩子，是最方便的機會教育。

我早年設計家居時，就在廚房設置早餐檯及桌椅，可供我簡便用餐、累時「歇睏」（閩南語，休息片刻），也可以寫字畫畫；我也替孩子準

＊把廚房、餐廳設立成開放式空間，煮食、吃飯、帶孩子、休息都方便。

備專用的小椅子或小凳子，使生活空間與教養地點可移至廚房周遭，方便隨時與孩子互動。

我帶孩子上市場買菜回來、整理食材時，不會急著整理切洗；而是先在早餐檯前休息一下。可以先喝一杯水，或者放些輕柔悅耳的音樂，輕鬆一下，緩和自己跟孩子的情緒。再來，可以打開水龍頭盛一盆水，水龍頭流淌的水聲可引起孩子的注意力，引起玩興，再教孩子清洗菜葉。如此一來，可藉由玩水培養孩子參與家事樂趣與習慣，同時，孩子也不會離開視線範圍，讓大人可以放心做事，多安心啊！

＊小朋友學會幫忙，和阿嬤分工合作煮食。

在孩子的教育中，我一定會加入廚房的料理基礎訓練，原因一來是避免孩子「飯來張口、茶來伸手」。如果孩子不曾參與煮食的過程，或總是吃速食的成品，孩子體會不到食物的製作過程、感受不到食材準備與製作的辛勞，自然不懂得珍惜食物，也不懂得感謝煮食人的愛心。教育當局常說要培養惜物感恩的好品格，不必多麻煩，只要讓孩子在廚房邊做、邊玩、邊學就好了。

二來，不懂基本煮食方法，沒有基本的生活自理能力，就不能好好照顧自己，有朝一日孩子必須離家獨立生活，只能成為外食族，無法吃得安心、吃得健康。與其到時候再來學，不如自小跟著大人培養起煮食的興趣與能力。

再來是最重要的，也是Super阿嬤最喜歡跟大家分享的原因：煮食太有趣好玩了。親子一起下廚，可以享受邊聊邊煮的互動時間，還能自己「變」出料理，培養孩子的好奇心和創意，這對於孩子的腦力開發是很重要的。一起下廚，是一場親子攜手探索未來的美好旅程。

喜之客小祕訣

布置一個屬於大人、也屬於小孩的好廚房

四十年前我設計居家空間時，就將廚房當作經營家庭健康、幸福的基地。我自己依據需求畫設計圖，請最精巧的木匠來施工，運用好的木料，至今從未花錢保固，又實用又環保。多年來，我在廚房陪伴孩子、孫子長大，廚房就是我和孩子最愛的樂園。

我在廚房裝置了室內電話，免去像有些主婦一聽到電話鈴響，便匆匆忙忙衝到客廳，心裡又掛念爐火，無法和親友聊得盡興。廚房內有了電話，就可以一邊輕鬆煮菜、一邊看著孩子活動、一邊和親友聊天，一點都不需要委屈自己，想起來就很快樂。

我也為自己布置了一個早餐檯及桌椅，可以隨時坐下來看雜誌、報紙，喝杯茶。我喜歡畫油畫，孩子也可以在一旁塗鴉，就近和孩子互動的感覺真好。現在的年輕父母，也可以在廚房上網，或是使用手機、ipad，將生活的樂趣融入廚房內，享受活用廚房空間的自在與快樂。

＊在廚房可以設立早餐檯，輕鬆坐下來休息、喝口茶，或是打電話和朋友聊天。

第2堂課

煮食前的小提醒

廚房是大人和孩子遊玩的快樂花園，雖然是美麗又讓人陶醉的地方，大人卻不能忘了廚房也是最危險的所在：廚房裡有火、刀叉、熱湯、熱油等危險物品。當大人疏忽時，就成為危及孩子生命的陷阱。教孩子煮食前，大人一定要要做好準備工作，以免發生不必要的遺憾。

先準備好器具

由於孩子還小，可能搆不到流理台或水槽，大人必須先行準備一張穩固的小凳子，讓孩子站上凳子作業。一定要看好孩子，注意安全，以免不慎摔下。另外要提醒的是，事前的食材準備工作可盡量移至餐桌，或在廚房內設置小桌，讓孩子坐下來處理更好。

盡可能讓孩子在大人的視線範圍內

在教導孩子的過程中，不要讓孩子落單，大人要時時陪同、時時注意才安全。

不厭其煩地提醒孩子什麼東西危險、什麼東西不能碰

在煮食前，大人要在旁以謹慎的動作讓孩子輕觸，例如熱水、熱鍋是燒燙燙的，不要讓孩子因為好奇而任意碰觸。若孩子有危險的動作，不要責罵，應該用提醒的方式，讓孩子學著愛惜自己、保護自己。

不要讓初學的孩子使用鋒利的刀具

切菜、進餐用的刀叉避免用鋒利的，先讓孩子使用替代的塑膠奶油刀，或是好握的剪刀，以免孩子因手部力道尚未發展完全，產生危險。在

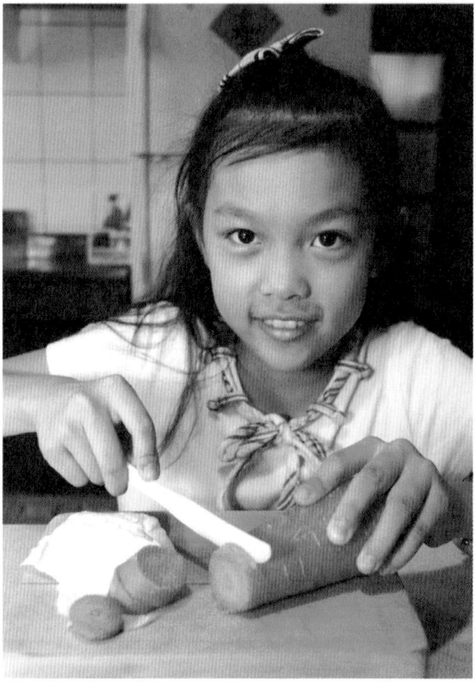

＊先用切蛋糕的塑膠奶油刀讓孩子試著切菜，熟練後再進階使用一般刀具。

孩子熟悉操作方法後，再嘗試一般刀具。

熱鍋放在桌面或爐台上時，鍋柄要朝向內側，避免讓鍋柄朝外突出，以防孩子不小心碰到或撞翻燙傷；電線、電話線不要置於地面，以免妨礙行走或絆倒；餐桌最好不要墊置桌巾，孩子都很貪玩，很容易將桌巾拉下，造成桌面擺置的東西滾落的意外；廚房地面必須保持乾爽，可以放置乾布隨時擦拭、或是穿上防滑的拖鞋，以免不慎滑倒。

爸媽不要操之過急

孩子的天賦和學習能力都是有差異的，有的快、有的慢，若孩子學習效果不如大人預期，也不要操之過急地逼迫孩子，免得揠苗助長，造成孩子失去信心的反效果。

教孩子先將雙手洗乾淨

下廚最重要的是衛生，如果不先洗淨雙手，菜會越切越髒，米也會越洗越髒，吃了可會鬧肚子痛的。一歲半的孩子就可以開始學洗手，大人可以教孩子先將肥皂或洗手乳搓揉出泡泡，來回搓洗指縫及指尖，確保泡泡均勻沾附在雙手後，再用流動的水沖淨，最後用乾布或紙巾擦乾。大人帶著孩子多做幾次，孩子就能學會。

要抱著「玩耍」的心態

孩子就是要在玩樂中成長，下廚可以看成一個創意遊戲，大人用輕鬆

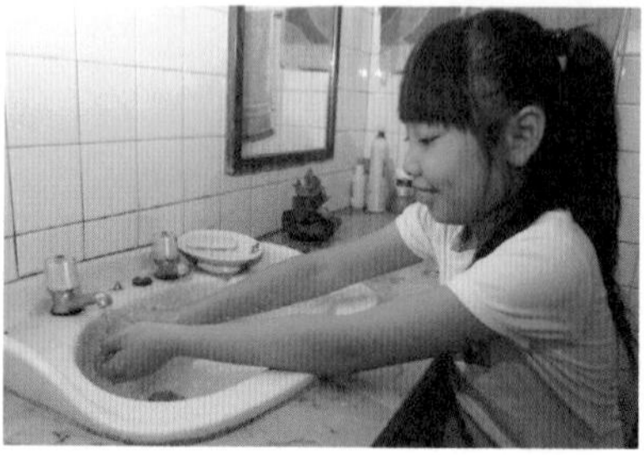
＊孩子洗手時，最重要的是搓出泡泡，再用流動的水沖淨。

＊鍋柄朝向瓦斯爐內側，不要朝外突出，就不用擔心孩子碰倒了。

不帶壓力的態度，慢慢引導孩子嘗試，試出興趣後，再依據孩子喜歡的部分斟酌加強。總之，千萬不要將煮食變成生硬、無聊的功課，否則孩子會覺得廚房只是令人疲乏不快的場所，甚至產生抗拒心理。

Super阿嬤一再叮嚀，是希望透過好的準備，讓孩子建立「我也能下廚」的信心和「下廚好好玩」的興趣，讓孩子煮得快樂，能讓煮食之路起步得更順利。

喜之客小祕訣

多鼓勵孩子

想一想，一個小小年紀的孩子就能嘗試下廚或操作家事，為大人分擔壓力，大人應該多給予鼓勵、讚美與感謝，例如向孩子說：「有了你的幫忙，爸爸媽媽好高興喔！」讓孩子養成榮譽感，自然會精益求精，越做越好，也更有興趣。切記避免挑剔叨念，讓孩子產生挫折感。若是失去做家事的樂趣與動力，那真是划不來啊！

第3堂課 一起來量米、洗米和煮飯

●適合年齡：
量米：三歲以上
洗米：四歲以上
電鍋煮飯：五歲以上

米，是台灣家庭的傳統主食，一粒粒晶瑩飽滿的白米，是台灣農人辛辛苦苦栽種得來，讓我們「呷飽」。從阿嬤小時候到現在，芬芳軟Q的米飯一直是餐桌的主角。煮飯是廚房裡最基本、最簡單的功課，因此，下廚不妨由米的處理開始做起。

量米

三歲是孩子開始模仿大人行為的時期，當我量米時，腳邊的孩子會說

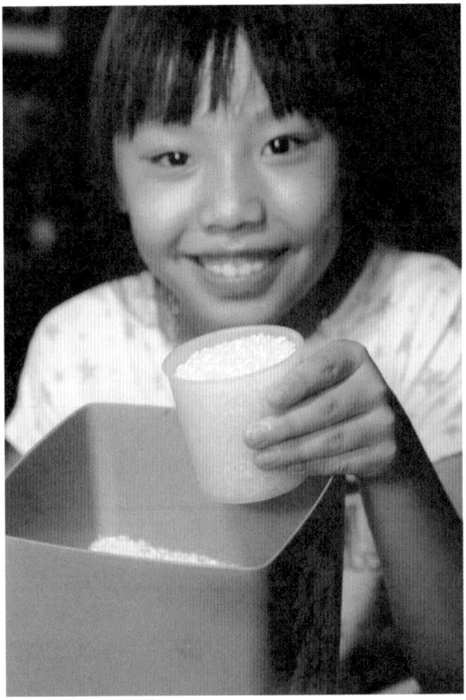

＊量米可以訓練孩子對數量的概念，適合教學齡前的孩子。

「阿嬤！我會！我來做！」也量起米來。這是孩子開始認知外界事物的表現。可以先教孩子認識量杯和數量，一般量杯一杯的量正好可以煮出兩碗米飯。記得提醒孩子「一杯」是對齊杯口，不要過少或滿溢出來，才好在炊煮時搭配應有的水量。孩子量米時，可能會玩米或是不小心撒出來，不要大聲責備孩子，而是提醒孩子米的珍貴，不要浪費，讓孩子領會。

洗米

三歲嘗試量米，四歲的孩子能做更細微的手部抓取動作，可以學著洗米了。

洗米的方法有很多，最常使用的操作方法是將量好的米放入電鍋的內鍋。打開水龍頭，流入足以淹過白米的水量後，用雙手輕輕攪和白米數次，即可換水。

由於洗米水具有天然的清潔作用與養分，台灣老一輩的人就有保留洗米水來洗滌、澆花的習慣，所以大人可以另外準備一個儲放洗米水的水盆，讓孩子小心地將洗米水倒入存放。倒入時，可以配合使用濾杓，接好隨水漏出的米。這樣重複洗、倒約三五次，米就乾淨嘍！

將米放入電鍋、放水

要操作電鍋，最好等孩子發育較成熟，五歲以上再開始。教孩子將裝有洗淨米的內鍋放入電鍋中，根據米量倒入適量的水。通常比例以一比一為原則（一杯米放入一杯水、兩杯米放入兩杯水，若喜歡硬一點則略減、軟一點則略增），如果是使用傳統電鍋，外鍋要放入一杯水的分量，電子鍋則外鍋不必放水。接著，放上內鍋鍋蓋、蓋上電鍋蓋，按下電鍋開關就開始煮了。由於電鍋是插電源的，大人要仔細示範電鍋開關使用方法，並讓孩子依樣操作，確保操作安全。

＊用手輕輕攪和翻動米粒，米就乾淨了。

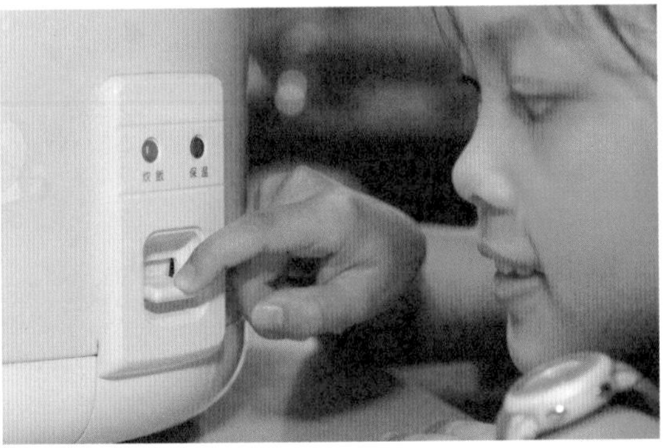

＊教孩子按下按鈕，燈亮就表示開始煮飯了。

炊煮

當電鍋開關跳起，飯就煮好了。大人可以跟孩子說，再燜煮約十至十五分鐘的飯會更香軟好吃。記得提醒孩子，掀開鍋蓋時撲鼻的飯味很芳香，但要小心別被冒出來的蒸氣燙傷了。

我在小學教室推動喜之客時，孩子都很有興趣的守著米煮完。爸媽要在家裡教孩子，不妨放手讓孩子學，但父母要放慢動作、講解程序，給孩子空間，滿足孩子模仿大人的需要。如果太急促，孩子無法重複動作，就沒辦法形成自己的能力，而會苦惱和焦慮。帶著玩興模仿大人，再自己變出一些小花樣，孩子才會開心，也會真的學到。

喜之客小祕訣

體會農人的辛勞

「鋤荷日當午，汗滴禾下土，誰知盤中飧，粒粒皆辛苦」，孩子

在學校讀過的〈憫農詩〉，是唐朝詩人李紳憫惜農人辛勞之作。大人可以在教孩子煮飯時，適時將知識和生活連結起來。讓孩子知道一粒小小的米是經過農人辛苦的育苗、插秧、施肥、除蟲、收割、曬穀、去殼等繁複的耕作程序所培養出來的，體會「粒粒皆辛苦」的真正含義。在洗米時也要留意米粒不要流失，吃飯也盡量不要剩下飯粒，在潛移默化中培養「惜物愛人」的觀念，孩子逐漸長大以後，就會養成良好的工作態度、責任感。

第4堂課

認識蔬果、學會切菜

●適合年齡：
認識蔬果：三歲以上
切菜：四歲以上

我們寶島台灣得天獨厚，盛產各種蔬果食材，像關廟就有鳳梨、竹筍的蔬果名產。台灣人情味濃，鄰居到市場買菜，多買幾斤鳳梨、竹筍，回來時就說：「阿嬤！這給妳啦！」也不肯收錢呢！我家裡總是有當季蔬果，大人、小孩做夥煮食，是教孩子認識各種蔬果的好時機。瞭解原型，親手操作，聞、嘗食材，是視覺、聽覺、嗅覺、味覺、觸覺五感的融合，可以從小訓練孩子感官的運用與認識，同時藉著一道道菜餚的處理、烹調，可以體會到煮食的趣味。

＊美麗的寶島蔬果，是我教孩子認識顏色、外型的好教具，不用再費心花錢另外買。

認識原型

讓孩子認識蔬果，是學煮食的良好開始。舉例來說，許多現代人對蔬菜原型不熟悉，雖然知道自己吃的是蘿蔔，卻常常不知道蘿蔔長什麼樣子，到市場也不知該買什麼，我覺得好可惜。

三、四歲孩子開始學會辨識物件的輪廓，也開始認識五顏六色，尋找生活中出現的繽紛色彩，正可以讓孩子認識可愛的蔬果。大人可以先拿出蔬果介紹生長方式，如葉菜類可以模擬它們從土地中冒出來的可愛樣子，讓孩子看著；白蘿蔔、紅蘿蔔、牛蒡等根類蔬菜，則可以讓孩子知道它們在土中多深……等等。每次我在小學教授「喜之客」教材，孩子們都會露出純真可愛的笑臉，對認識自己所吃的菜非常感興趣。

開發五感

蔬果有美麗的造型、鮮豔的顏色，是開發孩子的感官與品味的教材。可以讓孩子看看蔬菜，認識番茄的紅、白蘿蔔的白、菠菜的綠等；再觸摸看看，牛蒡有粗粗的纖維、小黃瓜有爽脆的質地；用手掂掂輕重，大片的葉菜類可能比小小的根莖類還要輕些，這時可以趁機讓孩子體會到物質的

＊朋友送的竹筍也入我畫中。

＊餐桌上美麗的蔬果。

重量、體積的關係，先奠定物理感覺；再聞聞味道，青蔥有種嗆辣的香氣，紅蘿蔔則有種甜味……這是培養孩子敏銳五感的好機會。父母們若行有餘力，也可以在家中庭院、陽台闢一個小花園，幫助孩子體驗種菜、除草等耕種生活，來接近大自然。

洗菜

教孩子仔細在流動的清水下沖洗菜葉，洗掉殘留的塵土、髒東西及農藥。洗菜就跟玩水一樣，孩子都很喜歡。洗乾淨後，大人別忘了說聲謝謝，讓孩子感受到這麼做是很有意義，自己是有價值的，他不是辛辛苦苦的做家事，而是帶著喜悅在幫忙。

切菜

到了四、五歲，孩子開始體會到數字、數量的感覺，可以教孩子數算蔬果的個數、切片的片數。孩子可以學著拿刀、砧板切菜。每次我拿刀，孩子就想跟著拿，孩子初學時可使用奶油刀替代，等熟練後再嘗試一般刀具。學習的順序可由柔軟易切的豆腐開始，待孩子建立自信，再換成較的硬的材料如蘿蔔、蕃薯、牛蒡等，讓孩子認知到切豆腐與切蘿蔔使力大小不同，領略勁道輕重的要領。父母在孩子使用刀具時須全程陪同。

每次教孩子切菜，都會發現孩子起先很緊張，可看到他們全神貫注的可愛模樣，其實按部就班，不但不會受傷，還能訓練雙手協調運作的能力，是鍛鍊孩子靈活性的小撇步。若孩子沒辦法馬上做到，不要急著過度要求，否則不滿、情緒、甚至放棄心就會出現了。

喜之客小祕訣

美學觀念從餐桌開始

餐桌是最好的畫室。那些外型有趣、五顏六色的蔬果，可以當作孩子開始學畫畫的素材。孩子畫的蔬果往往會有大人意想不到的精彩構圖與用色，呈現出驚人的創造力。孩子的畫作也要好好保存，可做為家庭的壁面裝飾，讓家裡充滿溫暖歡樂的氣氛。

阿嬤發現，孩子將蔬果素材拿在手時是快樂的。可以看到顏色、聞到香氣、摸到質感、嚐到滋味、敲敲蔬果聽到聲音，養成視覺、嗅覺、觸覺、味覺、聽覺五感。即使是不喜歡吃的食物，也是那麼好玩，這樣也會引起他們的食慾，是訓練孩子不偏食的好方法。

*外孫從小在餐桌練習畫畫的情景，現在的他已經上高中了，還是愛畫畫。

第5堂課

安全使用瓦斯爐

●適合年齡：八、九歲以上

古早時代的人用爐灶來加熱、煮熟食物，生火的原料是炭。每當天色轉亮，家家戶戶都有縷縷炊煙升起，代表一天的活動即將展開，而負責生火的我常被煙燻得淚流滿面，雖然辛苦，但能為家人做事的心情，就跟炭火一樣燒燙燙。現代人所使用的瓦斯爐比灶來得簡單方便多了。但對孩子而言，爐火仍是危險的，一定要讓孩子知道正確使用瓦斯爐的觀念和操作要領，以免孩子好奇自行操作帶來危險。

建議等孩子年齡較大、最好小學中年級以上，已認識水、火等物理現象後，才讓他們使用瓦斯爐。爸媽也需要觀察孩子是否細心，穩定度是否足夠，並且要貼身觀察、多加提醒。

大人在教孩子前，可先示範操作的基本動作：注意瓦斯爐旁的紙、抹布等雜物要淨空，以免被火焰燒到。先做好檢查，看看瓦斯的接頭是否牢固、管線是否順暢。這些準備動作都可以讓孩子有「這件事情很重要」的心情，自然會更專注、更謹慎。也要提醒孩子「注意用火的安全，可以保護全家人」的觀念，幫助孩子建立責任感與榮譽心。

教孩子使用瓦斯的步驟，可以依據打開瓦斯→點火→調整火力→關閉瓦斯的程序，慢慢教：

◎打開開關：先教孩子打開瓦斯管線的總開關，先示範一次再讓孩子學著操作。

◎點燃瓦斯：瓦斯通常是由右向左逆時針扭開開關，爸媽先示範一下，可以抓著躍躍欲試的孩子的手操作一次，感覺實際的力道，再讓孩子自行練習幾次。

＊孩子操作瓦斯爐時，大人一定要在旁看顧。

◎調整火力：教導孩子依據開關轉盤的角度來判斷火力是大火、中火還是小火。示範給孩子看：大火會蔓延到鍋子下方、中火繞在鍋邊、小火則僅燒到鍋底。記得要慢慢調整，不要太急切。

◎關閉瓦斯：使用完畢後，要教孩子將開關扭轉回原點。聽到「恰」的一聲才可確認已關上，再轉緊瓦斯管線的總開關。

孩子的學習是很長遠的，爸媽要慢慢觀察、慢慢教，讓孩子真正掌握用火訣竅，千萬不要躁進，讓孩子產生心理恐懼就不好了。在爐火打開期間，也要牢牢盯著孩子的行動，不可離開瓦斯爐附近。愛心、耐心是育食課程裡最重要的一環。

＊廚房地面要維持乾燥清爽，下廚才會安全。

喜之客小祕訣

學會煮一壺開水

學會使用瓦斯以後，可以讓孩子試著煮一壺開水。

◎準備一個中小型湯鍋，內裝小半鍋水就好，這樣孩子的力氣也足以拿取。

◎將湯鍋穩穩地放在瓦斯爐上，要特別提醒孩子要放正，不可以歪歪的放，免得傾倒。

◎接著示範打開開關，調成中火，並讓孩子跟著練習。

◎煮水的時間可以帶著孩子看水的變化，慢慢由湯鍋內壁起小的泡泡，等泡泡越來越多，又大又急時，就知道水煮開了，就可以關上瓦斯開關。提醒孩子不要讓鍋子裡的水因為煮滾而滿出來，不然爐火熄滅，瓦斯可就會外漏，是非常危險的！

◎水開後，要端水時不要急著搬動，要拿乾布墊住把手，或是用隔熱手套，拿得穩穩的，以免燙傷或是濺出。也要提醒不可以立刻大口喝水，以免燙到了。

煮開水，不僅是煮食填飽肚子的第一關，也是讓孩子懂得物理現象中的溫度、沸點的好課程。煮的過程中，把瓦斯轉小，原本冒著的大泡泡就會變小，瓦斯轉大，泡泡就會又多又急，若將瓦斯關上，則水面平復、泡泡消失。這樣的觀察很有趣，也是一場機會教育。

第6堂課

學會整理碗筷及餐桌

●適合年齡：五歲以上

在記憶裡，我煮好飯上菜時，餐桌上就擺了孩子布置的碗筷餐具，這一種全家人共同分攤工作的幸福感覺，可以讓孩子從小感受到身為家庭一分子的重要性。現在孩子都長大各自成家了，過年、中秋難得有機會團聚時，看到上菜前兒孫擺好的空碗筷，還是讓我很窩心。

「人際關係」和「分工合作」的概念在孩子五、六歲時會自然建立，當家中有多名孩子，一起分工整理碗筷、餐桌，可以讓孩子們練習處理人際關係、解決紛爭。時常抱怨手足吵吵鬧鬧的家庭，不妨試著讓孩子分攤一項家務事，和孩子一起融入家庭活動中，用尊重與合作的態度完成工作目標，會有彼此互信互諒的心情產生。一起做家事，是幫助孩子建立手足情感的好機會，也是未來能與更多同學、朋友和睦相處的預習。

教導孩子布置餐具時，可以先讓孩子用乾淨的抹布、紙巾清潔桌面。若家中有美美的花、可愛的擺飾，也可以讓孩子在餐桌上簡單布置出來，全家人在用餐時一道品賞這些美麗的擺設。接著，再由碗櫃中依

*在台灣產竹，質感溫潤雅緻的竹製品耐用又可賞玩，我喜歡竹製茶壺、茶杯、茶盤，能為家裡增添古意與雅趣。

據用餐人數拿取餐具。基本上每個座位各放一份碗筷，共用的餐具則放置於中央，便於拿取。在不同的國家，筷子的放置法也有不同，如日本是放橫的、且備有放筷子的墊子（筷架），台灣則習慣是放縱的，而且不習慣

＊在每個家人的座位各放一份碗筷、一個筷架。

使用筷架，直接放在桌上。基於衛生考量，阿嬤建議每個位置放置一份筷架，養成墊筷的習慣。

建議大人，家中每個碗筷、湯匙、茶杯等餐具及生活用品的選擇，應該要有環保概念，選擇品質優良的，好好珍惜，也向孩子說明物品的製造過程。例如一只陶碗的製造是由揉捏陶土、塑型、燒製而成；竹製茶壺則是用台灣土生土長的孟宗竹切下製作而成，還帶著淡淡竹香。讓孩子萌生珍惜的意念，也懂得品味及欣賞。孩子從小接觸高品質的東西，懂得惜物，也是孩子愛惜生命、柔軟心靈的啟蒙。

當飯菜都好了，則可以讓孩子盛飯、端菜上桌。讓孩子使用托盤就可以避免滑落。如果家中有一個以上的孩子，就可以平均分配任務，例如大的孩子力氣大，可以負責上菜，以免餐具掉落的危險，小的孩子可以擺放碗筷，像家家酒遊戲一般，每個孩子都玩得到。

阿嬤在做菜時，有時忍不住想偷呷一口，也要小心不讓幫忙上菜的孩子看到呢！

＊孩子使用托盤上菜，就能拿得穩穩的。

喜之客小祕訣

用餐的美感練習

Super阿嬤新婚期間，有位朋友的母親高媽媽請吃飯，高媽媽示範出料理和餐桌的美感讓我驚豔。記得高媽媽做了精緻的茶泡飯，無論餐具、廚房和本身打扮，樣樣皆美，彷彿是喜之客的最好示範。自此，我學會了在餐桌上不但要滿足胃口，也可以同時欣賞美麗的擺設、高品質的餐具，和料理的美感，這樣用餐會帶來一種特別美的感覺，這種品味從幼兒時就可以開始培養。

我愛物、惜物，當子女成家後，還將使用四十餘年的老餐具組分送每個家庭，讓孩子們永懷童年共同生活的美好回憶，將幸福代代相傳下去。

＊我選擇品質好、外型美麗的餐具，既能使用，也可以擺在開放的廚具櫃供人欣賞。這些餐具已經陪伴我超過四十年了。

第7堂課

吃飽了！一起洗碗及餐後收拾吧！

●適合年齡：五歲以上

洗碗是大部分主婦最不喜歡的家事，教孩子們煮飯，個個都有興趣，洗碗卻是比較難讓孩子主動樂意做的。我都是這樣對孩子說：「把飯煮好、把飯吃光光是很開心，把吃完的碗收拾好、洗乾淨，吃飯的程序才圓滿呀！」多鼓勵、多稱讚，會比強迫孩子有效。

洗碗及收拾的家事可以在五歲左右開始。餐後讓孩子收拾及洗淨碗筷，是一種負責任的教育。將自己使用過的食具，整理乾淨後物歸原位，能夠讓孩子長大後成為主動收拾、整齊清爽的大人。收拾碗筷時可以分為

*收拾碗筷時可以分為幾疊，以大套小為原則。

幾疊，以大套小（小碗或小盤放上，大碗或大盤放下），將零碎的餐具疊放起來，再使用托盤托起，就能拿得穩穩的。記得，小學低年級以下的幼兒力氣不夠，不要貪多一次拿太大疊，不然碗盤可能會常常摔破。

洗滌前，碗筷可先用裝有洗米水的盆子浸泡十分鐘，有去油膩的功能。要洗滌時，可用菜瓜布沾取適量肥皂或洗潔精，刷洗碗盤裡外。記得底部也要刷洗到，再以流動的清水沖乾淨。

洗後要將碗盤倒扣放進滴水籃，完全瀝乾後，才能放回碗櫃存放，以免水氣影響碗櫃的衛生。

洗完碗後，記得提醒孩子做事要徹底，將流理台周遭水漬擦拭乾淨，讓下一個使用者不會沾濕衣角，爸媽也

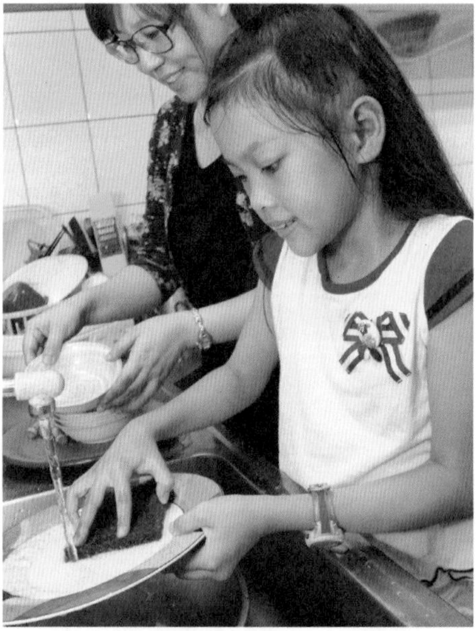

＊和孩子一起洗碗，邊洗邊聊天，也很快樂。

別忘了給予適時的鼓勵，例如向孩子說：「你幫忙洗碗對爸爸媽媽幫助好大！」讓洗碗也成為孩子的一大成就，孩子會越做越好，也更有興趣。

喜之客小祕訣

把洗碗當玩水

現在家庭中，洗碗常常是苦差事，甚至有些家庭爸媽懶得下廚、孩子懶得洗碗，就乾脆不開伙，這是多麼可惜的事啊！要怎麼提起孩子洗碗的興趣呢？不妨讓孩子把洗碗當成玩水，爸媽可以和孩子一起洗，一邊教孩子哼哼唱唱，一邊用孩子聽得懂的話，例如：「我們一起把討厭的油膩趕跑！」

每次廚房裡飄揚著很有活力、可愛的童音，都讓我覺得家庭生活真的很美好。

第8堂課

認識四色彩盤

● 適合年齡：五歲以上

台灣人很喜歡吃，吃的選擇真是多，孩子的點心零嘴更是多，甚至有些孩子只吃高油、高糖、營養價值低的垃圾食物，我覺得好可惜。很少大人會從小教給孩子怎樣能吃得好、吃得健康。我看到不少孩子從小就患上生活習慣病（慢性疾病），包括糖尿病、心血管疾病、過胖、過敏……等等，主因是大人生活習慣及飲食混亂的步調，影響了小孩的生活節奏和健康。我希望無論大小、任何世代都能瞭解正確的飲食，從飲食來教導健康，及早學會養生保健之道。讓孩子知道食物營養及攝取的方法，養成健康不易生病的體質，是父母給孩子一輩子的禮物。

以前在醫院煮食的經驗是，人在一餐中，應該有一份主食（飯、麵等）、一份湯品、一份蛋白質主菜（魚肉蛋奶類）、一份蔬果副菜，這樣就很健康。自然、均衡的養分，能幫助大人維持健康、也幫助孩子成長發育。

這對孩子而言可能有點難懂，所以我想出了一個簡單教會孩子健康飲食的小撇步，在喜之客課程中，孩子都能馬上學會選擇食物、均勻搭配的概念。我將主食、湯品、蛋白質主菜、蔬果副菜四類料理運用四色墊板來放置，取了個「四色彩盤」的名字，孩子都很喜歡。彩盤中的淡綠色代表副菜、粉紅色代表主菜、黃色代表主食、淺藍色代表湯類，四色彩盤上各類料理缺一不可，就可以養成均衡飲食的觀念與習慣。

遇到偏食的孩子，四色彩盤也是調整孩子壞習慣的小方法。大人可以比喻給孩子聽：主食是提供身體主要的體能，若把身體比喻為機器，主食就像機器的燃料，沒有燃料，身體這部機器就不會動了。做為主菜的蛋白質類是身體細胞的主要構成物質，若沒有蛋白質，身體就會不健康，人也會無精打采，上課會頭昏、忘東忘西，那就不好了！蔬菜則是維生素的來源，維生素可以讓骨骼發育，身體強壯，保持正常的消化吸收機能。湯類則是水分的來源，既美味，又可以解渴，取代含有過多添加物的飲料。

黃色代表主食	飯、麵等碳水化合物	碳水化合物是人體能量的來源，一定要攝取。
粉紅色代表主菜	魚、肉、蛋、奶等蛋白質豐富的食物	爸媽盡量少挑選過度加工的食品，選擇新鮮素材，不僅健康，也能讓孩子懂得自然原味的美。
綠色代表副菜	蔬果類	建議蔬菜都先汆燙為宜，雖然生菜沙拉很清爽，但汆燙可殺菌，比較安全。
藍色代表湯品	湯品	盡量選擇蔬菜含量多的湯品，避免高油、高鹽、糖分。

*運用四色墊板來放置主食、湯品、蛋白質主菜、蔬果副菜四類料理，孩子很快就學會一餐該吃些什麼。

爸媽不妨和孩子一起用四種顏色的色紙製作四色彩盤，一邊說明主食、主菜、副菜、湯品對孩子健康的重要性，一邊看著美麗的顏色，讓孩子試著把一餐料理分類擺放在四色彩盤上，在實際的過程中，激發孩子營養均衡的概念和想要嘗嘗看的興趣。

喜之客小祕訣

外食族吃飯更要挑剔

現代人難以避免外食，偏食是外食族的通病，總是吃肉比吃菜多，且加工食品過度氾濫，危害健康。即使孩子必須外食，四色彩盤也可以讓孩子在用餐時為自己選出最均衡的菜色。例如在自助餐廳，孩子可先將食物歸類成四種顏色，在進食前便可以清楚知道自己是否有攝取到四大類食物，使食材多樣化，幫助自己吃得更均衡。另外阿嬤要提醒，市售切好的水果較不衛生，少食用為宜。

阿嬤給爸媽的特別提醒

順著季節走的吃法

接觸煮食，對孩子來說不難，但是要想出菜色變化、下廚料理，就變成一項大工程了。其實，只要順著季節吃，就可以讓料理變得不再那麼辛苦，孩子們也能自己迅速變出健康的菜色！

「順著季節吃」是一年四季盛產著各式蔬果食材的寶島的專利。雖然很多蔬菜一年到頭都有出產，但當令的蔬菜味道最鮮美，養分足夠，價格也最便宜，因此想吃得健康、吃得美味，順著季節、吃當季食材就對了。

在台灣，每個季節各有不同美味的蔬菜可以變換選擇，冬天可多選根類，如洋蔥、紅白蘿蔔、芋頭等；春天多選芽類，如各色豆芽；

＊運用廚房剪刀，將食物剪成一口大小，方便又好玩。

夏天多選葉類，如空心菜，秋天多選枝類，如蓮藕與茭白筍等豐富食材，吃在台灣真幸福啊！

在教會孩子基本的運用瓦斯、燒開水汆燙蔬菜的方法後，便可以讓孩子利用當令食材做一道高纖沙拉，只要任選三種以上當令蔬菜，讓孩子將材料剪成一口的大小即可，方便又安全。當料理上桌時，別忘了跟家人說：「這是孩子自己做的喔！」孩子都會很得意，而且會很興奮的品嘗自己的好手藝呢！

高纖沙拉食譜

材料：任選幾種當令蔬菜如小番茄、紅蘿蔔、花椰菜、地瓜。

淋醬：準備芝麻粉、美乃滋、牛奶。

做法：

1. 預先將小番茄烤熟、蔬菜燙過，冷藏保存於冰箱中。
2. 將蔬菜剪成適當的大小。
3. 將美乃滋、牛奶、芝麻粉以1：1：1的比例混合，淋在準備好的蔬菜上即可。加上一個皮蛋，顏色更好看，滋味也更豐富。

阿嬤的話 這道沙拉富含維生素A、維生素C、維生素E和鈣質，對於骨骼發育、視力維護、免疫力增強都有幫助；又富含纖維質，有助於消化與排便，對孩子的健康好處多多。

喜之客人生劇場

一天的生活好習慣①

Super阿嬤走入小學校園，教孩子喜之客的好教養、好習慣，阿嬤利用紙箱、木框製作「紙戲」當作教材，用一疊親手繪圖的厚紙板，一張張表演給小朋友看。這一張張的圖串成一齣「喜之客人生劇場」，將一天會用上的生活好習慣呈現出來。

當喜之客，讓孩子們從一天開始學習吧！

* 孩子的一餐中，應該有主食、湯品、蛋白質、蔬果各一份，營養才能均衡。
* 運用四色彩盤來放置各類料理，淡綠色代表蔬果、粉紅色代表蛋白質、黃色代表主食、淺藍色代表湯類，孩子學會一餐該吃的食物，也可以欣賞各樣料理的美。

（參考第8堂課）

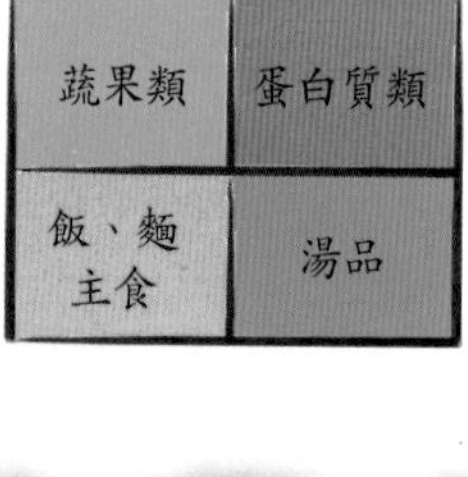

＊孩子睡前不要看書、看電視、打電動、講手機。

＊如果孩子翻來覆去不肯睡，阿嬤發明一個方法，準備一根木棒叫做「魔棒」，表演「魔術」，將魔棒放在孩子的眼皮上方，讓孩子不躁動、好入眠。通常只要從一數到十，孩子就睡著了。

＊晚上睡前，可以先準備一杯開水放在床頭，讓房間有水氣，孩子睡時嘴唇就不會乾乾的。

＊第二天起床時，孩子將棉被摺好、枕頭放好，保持臥室的整潔。早起先喝下床頭的水，再將肚子打一打，叫醒大小腸，自然就會想去上廁所。

（參考第10堂課）

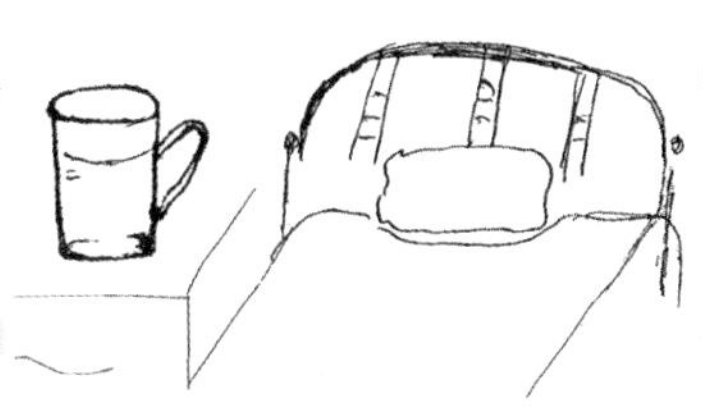

躾

si-tsu-ke

喜之客

PART 2
做家事

對孩子而言，家務工作是遊戲，
而不是大人眼中的苦差事。
早起一同摺棉被、假日幫著洗衣，或是澆花，
都會讓他們覺得很有趣味。
這些工作都可促進手指靈活及認知判斷能力，
同時還可訓練獨立性，讓他覺得自己好有價值；
做出來的成果，也讓整個家有種特別溫暖的感覺。

第9堂課

會打理自己的小生活智慧王

家事，是全家人的事。一個家庭的組成並不是只有爸爸媽媽、阿公阿嬤，孩子也是其中的一員，所有成員共同生活之下所產生的家務，當然也要彼此分擔。童年時代，我就跟著阿嬤、阿母學習，那個年代，家事很辛苦，挑水、生火起大灶、到河邊洗衫褲……好多的工作啊！阿嬤、阿母也不是刻意訓練，反正孩子在身邊，也讓我們分攤一下。如果我有一點可以分享的家事小撇步，也是阿嬤、阿母放權給我練出來的。

現在許多父母親認為，家事自己來，孩子專心讀書、求學就好，讓孩子當個「茶來伸手、飯來張口」的小霸王，久而久之，腦子不機靈，性格懶散了，態度也傲慢了。如果父母對孩子過度保護，捨不得讓他們做家事，反倒剝奪了他們學習的機會。其實，做家事並不會影響孩子讀書，養成負責態度和勤勞習慣，對於課業學習反而是一種幫助。學習家務，能夠理解父母親的辛苦，也可以從點點滴滴的過程中，培養做事情的方法與耐心，才是儲備孩子未來競爭力的基礎。

引導孩子做家事不難，孩子固然還小，體力、腦力尚未發展完全，無法進行太複雜或危險的家務，但也要負責部分，尤其是簡單的工作，正好可以交給孩子做，隨著孩子的成長，再從簡單到複雜、從容易到困難，循序漸進。

我在孩子一歲半起就讓他們幫忙，如要小孫子幫忙阿嬤提個小東西、拿報紙；三、四歲孩子的身體發育已足夠做洗米、收納等簡單家務了。在喜歡探索外界、模仿爸媽動作的時期，對孩子而言，家務工作是遊戲，而不是大人眼中的苦差事。早起一同摺棉被，假日幫著洗衣或澆花，都會讓他們覺得很有趣味。這些工作都可促進手指靈活及認知判斷能力，同時還可訓練獨立性，讓他覺得自己好有價值；做出來的成果，也讓整個家有種特別溫暖的感覺。

學習做家事，讓孩子有獨立生活的能力之外，養成勤勞自動自發且負責的態度，才是真正最重要的。新聞報導中，有大學生出外念書住宿，每個禮拜把髒衣服打包回家給媽媽洗，多無奈啊！將來孩子成家立業、為人父母，家務能力更是不可或缺。與其孩子長大後後悔，不如從小教導他生活的能力、做事的態度，這才是伴隨孩子一生的能力。無論孩子將來出路如何，都會是一個健全獨立、能自我照顧的人，父母親也才能夠真正的放心。希望每位父母帶出來的孩子，在家是父母的好兒女，作客是被人喜歡的客人，長大是社會國家的好子民，就是一位幸福快樂的「喜之客」。

喜之客小祕訣

做家事，不分男女

古早時代男尊女卑，家事不被看重，也被視為是女性的工作，造

＊男孩從小訓練家事，長大才會好好打理自己。

成男性不習慣下廚房、做家事。其實，做家事代表一個人的生活適應能力，男性沒有機會學習家事，無異於剝奪了自我照顧的機會，是一大損失。況且，家事絕不是微不足道的小事，而是家庭情感交流的機會，每天利用瑣碎時間教孩子做家事，是比看電視、打電動更好的親子交流，一邊做事、一邊聊天，家人感情會越來越好。現代兩性平權的社會，有越來越多的爸爸們開始分攤家務責任；未來，全家大小一同下廚、一同洗洗刷刷，也許會成為一種普遍的風氣呢。

第10堂課

學會自己摺棉被

●適合年齡：三歲以上

早上起床，迎接一天的開始，對於天天成長、學習的孩子是很重要的。用摺棉被這項家事整理自己，是一個很好的學習機會。但有些父母會說：「反正晚上還要再睡，不摺無所謂」，而放任床鋪凌亂不堪，這樣如何教出整潔的孩子呢？床鋪一亂，看了心情不也亂糟糟嗎？

摺棉被是很簡單安全的家事，三歲左右，手能抓住被子的孩子就可以幫忙了。父母先示範幾次，孩子跟著做幾次就會了。如果孩子動作慢，也不要催促、責罵，等孩子熟悉每個環節，動作會更快，也不會拖拖拉拉。

練習時間可以挑週末起床、孩子不趕著上幼稚園、父母不趕著出門的時間。

摺棉被的程序是先把棉被鋪平，再雙手拉著兩角，將被子對摺成一半，也能趁機告訴孩子「一半」的觀念，讓家事和數學認知概念結合，一舉兩得。對摺後再對摺，棉被就會成為一疊。

孩子在家摺棉被，不需要過度挑剔，要摺成如飯店、軍營一般的豆腐乾，只要整齊疊好即可。剛開始時只要能摺成一疊，就應該為孩子拍拍手。

摺棉被的過程會使用到孩子手部全區，如手臂、手掌、手指，也運用到腰力、背部力量，可以活動孩子筋骨、鍛鍊臂力及體力，也是早晨提神醒腦的好運動。只需幾分鐘，一大清早就能神清氣爽。

＊摺棉被的要點是對摺成一半，再對摺成一半。

喜之客小祕訣

古早的「彈棉被」工夫

古早時代的棉被都是師傅手工製作，直到民國六十年代才逐漸被機器取代。製作一床好棉被的過程很花工夫，師傅會將棉花片平整的鋪在工作床上，肩上背著像大彈弓又像弓弦的「棉被弓」，手上拿著棒槌，槌擊繩子以彈開棉花，這個步驟就是「彈棉被」，免得棉花很快就「結歸球」不蓬鬆了。細心彈開後再用棉被篩壓實彈好的棉花，使其表面平整，然後利用紅、白紗線將棉花固定，以揄斗輕壓在牽紗過的棉花上使其固定，因為棉被有雙面，所以必須翻面重複一次所有的過程，才能完成一床手工棉被。這麼費工的棉被，可以當新娘嫁妝，或是給出門在外的遊子帶著，它代表了台灣師傅的好工夫，和父母愛惜子女的一片心。

第11堂課

左搓右揉，洗衣服

●適合年齡：三歲以上

古早時代「男主外，女主內」，家事是女性一肩扛起的工作，尤其是洗衣服，都是女性在負責。如果家裡沒有井水，負責洗衣的婦女會在清早或傍晚時分，提著全家大小的衣物、背著小孩或弟妹，到溪流邊等有水流動的地方洗衣。街坊鄰居婦女們常會相約做夥洗衣，說說笑笑，趁機交流談心，也紓解一下整天操勞的身心。

現在生活便利，洗衣粉、洗衣機一應俱全，洗衣的趣味卻少了。爸媽不妨和孩子一起邊玩水、邊洗衣，爸媽洗爸媽的衣服、孩子洗孩子的衣服，培養「自己的東西要自己負責」的概念，也能體會到爸媽做家務的辛勞，懂得感恩。

衣物要每天勤勞換洗，尤其是襪子，一天不洗就會有異味。洗衣服看似困難，其實只要會雙手抓握、搓揉，約三歲以上、會兩手搓揉的小朋友，就可以學著洗一些不厚重的貼身衣物、襪子。孩子都是愛玩水的，父母帶著孩子以玩水的心情嘗試洗衣，孩子覺得好玩，對於手部靈活度也有很大的助益。洗衣服的程序是浸泡↓搓洗↓沖淨↓擰乾：

◎先準備一盆水（使用洗米水、洗澡水可節省資源），倒入一匙洗衣粉，將髒的衣物浸泡其中，記住深色、淺色要分開，不然可能會染色。

◎浸泡十幾分鐘後，倒掉污水，再加入清水抓洗、揉搓，將髒污清出來。在特別髒的地方（襪底、領口處）塗抹肥皂，多搓洗幾次。

◎在流動的水龍頭下沖洗，將衣物上的泡泡沖淨，將衣物扭乾。

也可以準備一副洗衣板，架在水槽或臉盆上，讓孩子試著來回搓洗，又乾淨又省力。對孩子而言，用洗衣板搓泡沫和玩耍一樣有趣呢！

一般的家庭裡，爸媽、孩子們加起來，一天會換下好幾雙襪子。襪子體積小，且須與衣物分開洗滌，若是每個人各洗各的太瑣碎、太麻煩，不如全家一起換洗，省水又省力。當孩子熟練後，可以引導孩子幫忙洗全家人的襪子，孩子們不會喊累，反而很有參與感。想教會孩子懂得體貼、互助，就要在自然而然的家務操作中練習。

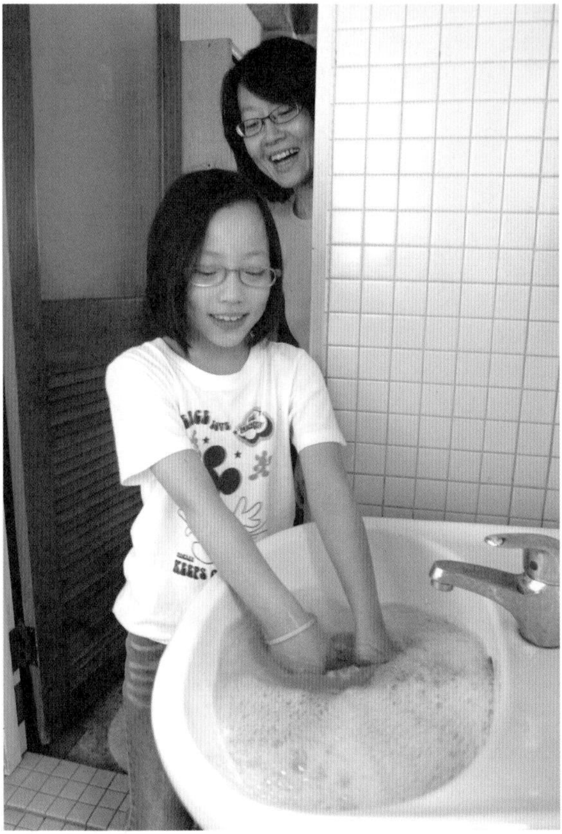

＊教孩子以抓洗、揉搓的方式洗衣物，就很乾淨了。

喜之客小祕訣

脫襪子的方法

有許多人，脫襪子時隨手一拉，讓襪子翻了面，這樣洗襪子的家人就得多花翻面的時間。其實，只要留意脫襪子時，正面脫下就可以了。方法很簡單，由襪口向下捲至腳跟，由前方拉出脫下的襪子，洗的時候，就可以正面洗滌，襪子更容易洗乾淨。做任何小動作前先想一想，如何讓他人更輕鬆方便，就不怕孩子以自我為中心、不顧他人感受了。

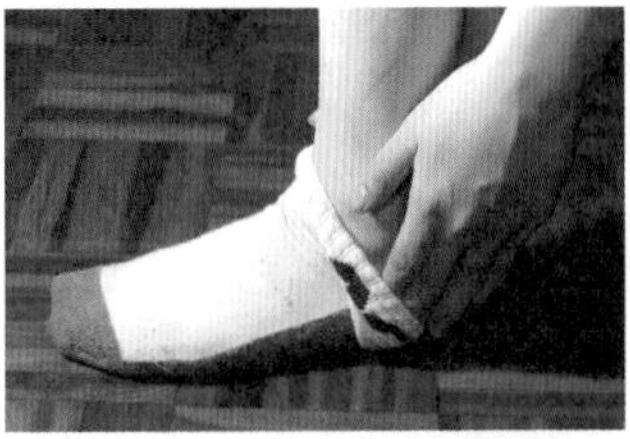

＊脫襪子時，由襪口向下捲至腳跟。

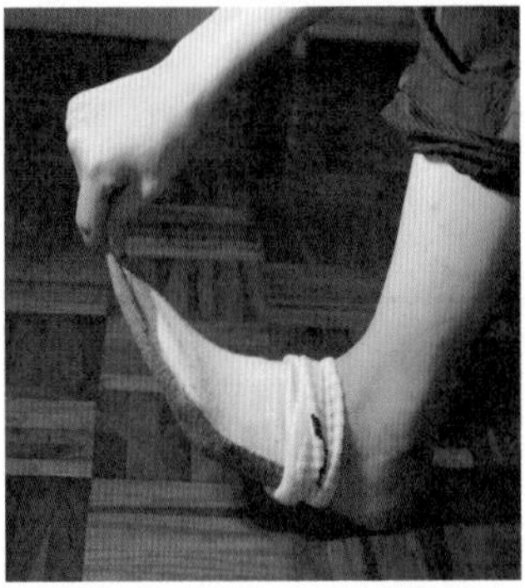

＊由前方拉出襪子，就不會翻過來，好讓洗的人少一道翻襪子的手續。

第12堂課 晾曬衣服，一起來！

●適合年齡：三歲以上

晾衣服也是很簡易的工作，只要能夠將雙手拉緊衣物就可以，通常三歲以上的孩子便已具有此能力。矮小的孩子可以將衣物套上晾衣架；高度搆得到衣架橫桿的孩子，可以協助掛上。親子分工合作，還能邊做邊聊。為了增進親子關係，特地找小孩聊天，反倒讓孩子覺得很彆扭，藉由瑣碎的家務時間建立的溝通管道，才是最自然、最有效的。

晾曬各種衣物前，先將衣物依上半身、下半身分類好。晾上衣，只需將衣服套上衣架，拉平整即可。晾下半身的裙、褲，先將褲頭扣好，用衣夾夾於衣架上。如果是長褲，可以折半穿過衣架懸掛。

晾襪子前則需先成雙配對好，捏住左右兩隻襪子內側襪口，夾上衣架或是晾衣繩，這樣收納時就很方便。記得將衣物分類、分區晾曬，以便歸類收納。提醒孩子貼身衣物要晾在隱祕處，不要讓人一眼望見才好。

喜之客小祕訣

好天氣來曬棉被

棉被蓋久了，會沾染人身上的汗水，或是吸附細菌塵蟎，變得不夠蓬鬆、暖和，對孩子的呼吸道及健康都不好。棉被厚重，往往很少洗滌，父母們可以趁天氣好的時候，和孩子一起把棉被拿出來曬太陽，讓孩子有一床暖暖的被窩。

曬棉被時可拉些有靠背的椅子，將棉被攤開曝曬；時間最好是在早上十一點到下午兩點左右的正午時分，不要等到太陽下山才要收，免得傍晚濕氣越來越重，被子吸收水氣。記得收棉被時耀先拍打或抖一抖，去除被曬死的病菌塵蟎。趁著冬陽做夥曬棉被，晚上蓋著暖烘烘、帶著陽光的香香棉被睡去，是最幸福的孩子，做夢都會笑呢。

第13堂課

收納衣服，動手又動腦

●適合年齡：四歲以上

我常聽到厝邊頭尾的父母抱怨，孩子房間凌亂，衣物隨手亂丟，只愛打電動、上網、看電視，怎麼都不肯將房間收拾乾淨，講都講不聽，問我該怎麼教育孩子。我覺得，從孩子的學前生活教育開始，培養分類整理的習慣，可以避免這種生活失能的情況。學習收納衣服就是一個很好的起點。

在我的育兒經驗裡，四歲左右的孩子開始對環境的秩序有了概念，孩子跟進跟出時，會指著家具說：「這是五斗櫃！」「這是抽屜！」也對於物品的歸位躍躍欲試。專家說教孩子拼拼圖、玩積木等教具，可以提升孩子的獨立性與智慧發展。我發現，跟著大人收納衣服、整理環境等，也一樣可以鍛鍊孩子手腕的靈活性、雙手交替配合的能力和手眼協調能力，不一定要依賴市售教具。

爸媽要先安排可放置的衣櫃或五斗櫃，教孩子分類放置，這樣下次需要用到時，就能方便拿取。收納的次序是分類↓集中↓摺疊↓放置：

◎分類：依據衣物的特性，如上衣、褲子、襪子、手帕、內衣、圍巾來分類。

◎集中收拾：經分類後的衣物，需要折疊整齊，才好堆疊起來。

◎摺疊：大人先示範給孩子看，疊上衣的方法很簡單，只要將兩個衣袖往內疊，再將衣襬往衣領對摺即可。下半身的裙子則左右對摺再對摺，褲子要對摺後再橫向對摺成四分之一。襪子總是東一隻、西一隻的小朋友，可以教他們很方便的摺疊法。將兩隻襪子重疊對齊，將下方的襪子襪頭往外翻，包住上方襪子的襪頭，接著，將上方襪子的襪頭朝襪尾捲起，下方的一隻則直接往上塞入捲起的襪頭中。這樣所有衣物的顏色材質都能一目了然，孩子隨時要拿什麼、穿什麼，都很方便。

＊摺疊裙子的方法是對摺再對摺。

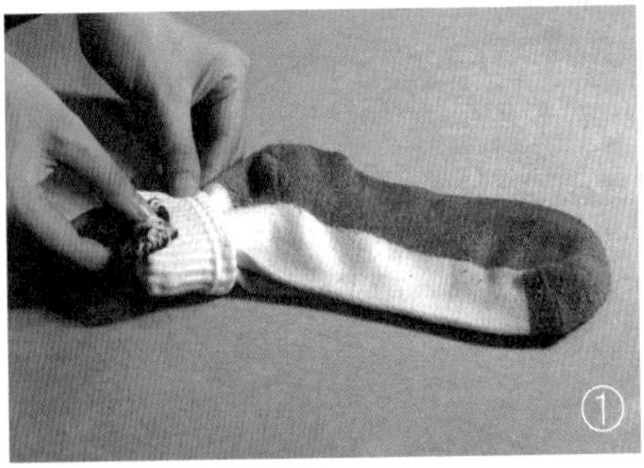

＊折襪子時，可先將下方襪子的襪頭折下，包住上方襪子。

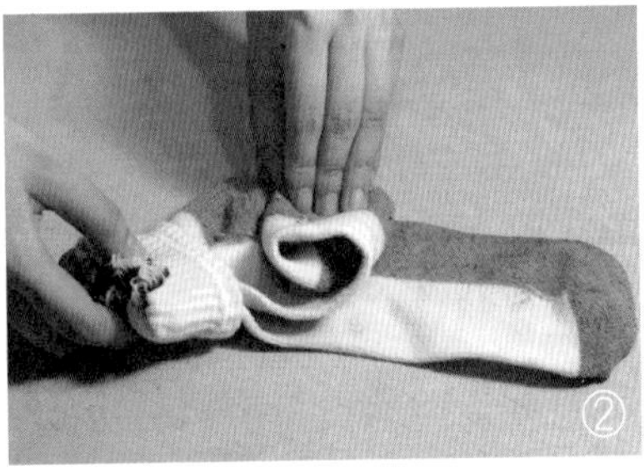

＊將上方的襪子捲起來。

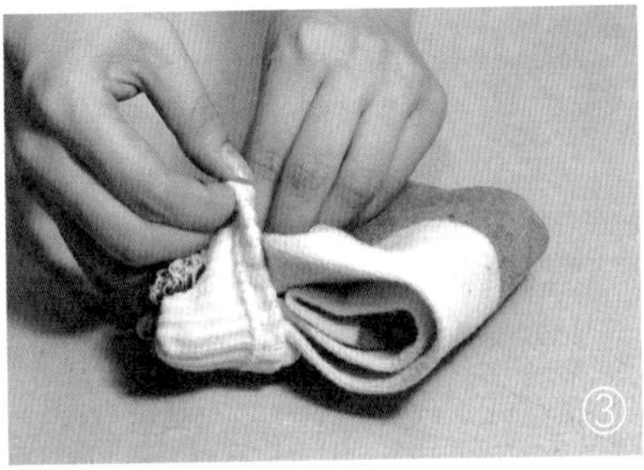

＊將下方襪子往上包入襪頭。

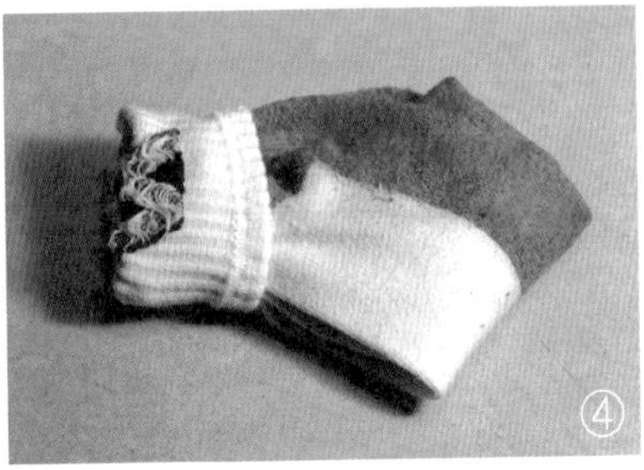

＊襪子摺好了！不再東一隻西一隻，好收納又好找。

◎**放置**：大人先引導孩子將同一類的衣物放置在櫃子的同一處。可以依據使用者、用途來區分。例如阿公、阿嬤、爸爸、媽媽、弟弟的衣服都有專用的櫃子，再依據上衣、褲子等類別集中於一處，隨時都可找到。

父母要教會孩子，就要和孩子一起將物品歸位、建立起全家一致的習慣，才不會孩子剛收好，大人又隨手亂塞。小小的衣物分類收納，可以培養孩子分析、判斷、選擇的能力以及負責任的態度，好處多多。能和阿嬤、爸爸、媽媽做相同的事情，孩子都會很有成就感！

＊同一個使用者的衣服須摺疊整齊，集中收納，才好找。

喜之客小祕訣

學收納，是教孩子聯想的好撇步

很多父母會讓學齡前的孩子上課，或是購買教具、圖卡，來加強孩子的記憶力、認知能力。其實不用捨近求遠，家就是最好的教室，家務工作就是最便利的教具。將各種各樣看起來外型類似、大小尺寸卻不同的衣物分門別類，就是最實用的機會教育。

剛開始孩子不熟悉時，可能會辨識錯誤，如毛巾、圍巾看起來形狀相似，卻有不同用途，應分開放置。父母親不要心急，讓孩子觀察、思考，說出它們的共同特徵，慢慢將同類事物串連起來，孩子辨識能力增加後，再配合反覆練習，不斷加強印象，就能達到效果。

第14堂課

掃掃地，全家乾乾淨淨！

●適合年齡：五歲以上

掃地只需要孩子能使用雙手平穩的拿起、放下、揮動掃把就能操作。在家協助打掃工作，可以分攤父母的擔子；孩子上學後，學校通常會派給孩子保持座位整潔、打掃教室或校園的「任務」；若在家裡先練習拿掃把的角度與力道，就不會變成「揮掃把」，將灰塵垃圾揚起，越掃越髒，造成老師的負擔和同學的困擾。

掃地時，雙手握住掃把，輕輕的平撫地面掃動，不要將掃把掀起來。爸媽要先親身示範幾次，也可以握住孩子的小手，讓孩子體驗力道與角度。提醒孩子動作不要太大，一次掃一小區（約孩子肩部寬度），就不會將灰塵揚起。

掃地的順序是由角落掃起，將垃圾向中間集中。垃圾集中後，將畚箕拿過來，一隻手將畚箕微微向前傾，另一手將垃圾掃入即可。接著將畚箕提至垃圾桶上方，將垃圾倒入，地面就清潔溜溜了。

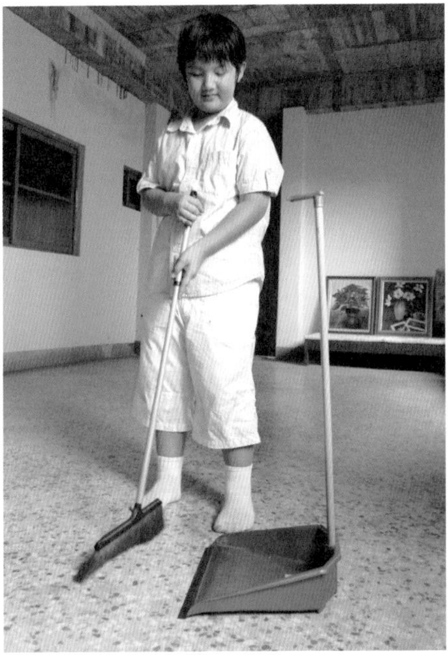

＊教孩子雙手握住掃把，輕輕的平撫掃動，不要用力揮動。

由於孩子臂力有限，打掃時不免有縫隙遺漏，爸媽不要大聲責罵，只要一天比一天掃得好，就要給予愛的鼓勵。年紀小的孩子，可以從小房間開始練習，每次只掃一個範圍就夠了。如果掃不乾淨，仔細檢查孩子有哪些竅門沒掌握到，一定能學會的。

阿嬤回想，會這麼喜歡做家事就是因為小時候的一個機緣。小時候家裡是三合院，地面都是「紅毛土」（閩南語，指古早的水泥）製成，有一回在灶腳燒灶煮飯時，大人不小心將地面滴濕，變得有些泥濘，我靈機一動，把灶裡的灰燼取來撒在泥濘處吸乾水分，再將灰掃除，地面就恢復清爽。那時阿嬤、叔伯見了都一直稱讚，讓我產生了一股能幫忙做家事的自信，越做越有樂趣、越有方法，做到現在還樂此不疲呢！

喜之客小祕訣

掃地掃出好心地

教孩子灑掃庭除，是要讓他們感覺到環境安適、清爽，也是重要的品德教育。掃地不只掃環境，而且還掃心地。教孩子為自己、為家人掃出一片安適的空間。讓奔波一天的爸爸、疲憊下班的媽媽，或是忙碌下廚的阿嬤，可以在家中這個共用空間裡，安心坐下，好好喝口茶，歇息一下，眼裡滿是整潔，心情也美美的。自己小小的付出可以給家人幸福的感覺，孩子也學會體貼和奉獻的功課。人人都能這樣做，台灣便不會再有髒亂不堪的大環境，也不會再有自私自利的社會。

阿嬤給爸媽的特別提醒

教孩子澆花

住在府城的市區，我喜愛種植花花草草，為都市增添一片色彩。十年前我曾提供樹苗，邀集厝邊頭尾共同栽種路樹，不僅美化環境，更減少了造成地球暖化的二氧化碳。我會邀請孩子一起加入栽培植物。種植花木，不僅是看花開得美、樹長得高，看見植物成長，會油然而生一股孵育生命的喜悅與成就感，是很深刻的心靈感動和美好經驗。

不同的植物有著不同的生長周期，我在陽台上種了各種盆栽，紅的、綠的、白的，能夠映襯、彰顯彼此不同的美麗。四時的變化也帶來一片不同的美景，身在其中，欣賞自然規律的種種變化，能讓孩子從中學習美感與大自然的豐富。孩子一般在五歲左右會開始對動植物感興趣，如果能多提供孩子接觸的機會，與自然界產生聯繫，對孩子的認知能力很有幫助。

植物有著生老病死，呼應著生活裡的悲歡離合，讓孩子透過親手的澆灌，在小時候學會順應天地的法則連結，學會尊重萬物、珍惜生命，是多麼可貴的生命教育。

澆花是種植盆栽裡最簡單的步驟，我會教孩子拿洗米水澆花，節省資源又能補充養分。澆花的時間選擇在清晨或傍晚，水量以淋濕土壤為原則，澆過多

＊我愛將花最美麗的姿態畫下來。

＊澆花時，把水管的出水口按住，可提高出水的壓力，讓水柱沖得更遠。

反而讓根部腐爛。如果是大區域的植物，可以練習用水管澆灌。等孩子動作純熟，再傳授一些小撇步：把水管的出水口按住，即可提高出水的壓力，讓水柱可以沖得更遠。這些動作能夠使孩子手部肌肉獲得良好的發展。

澆花可以讓孩子很正當、盡情的玩水，童年澆花的記憶能夠讓小小的心靈獲得大大的滿足。

喜之客小祕訣

白柚種子變盆栽

每年農曆八月十五中秋節，是台灣傳統的大節日，柚子是當令水果，「柚」又與保「佑」同音，非常討喜，家家戶戶都會買來應景。柚子果肉好吃又營養，柚子皮也有多種功能，可以剝下來給孩子戴「柚子帽」，非常活潑可愛。表皮刨下來可煮製成調味醬，當作果醬或搭配魚肉都很好吃。剝下柚子裡層白色的厚皮曬乾，可以製成天然蚊香。吃剩的柚子種子則可種成室內盆栽，方法非常簡單，學齡前的孩子也可以做到。

◎先將種子泡水，每天更換乾淨的水並洗淨，直到種子外層薄膜去除，大約七天種子就會發出芽點。
◎選擇寬型的盆器，將培養土置入盆器中，再將前置處理完成的種子依序栽入土中。可以沿著筷子排列整齊，長出的植栽會更美觀（培養土花市即可購買，一包價格只要十元）。
◎每天澆適度的水，保持土壤濕潤。
◎靜待二十至三十天，柚子就會抽出綠芽嘍！
孩子手中也能變出一盆盆愛不釋手的白柚盆栽，當作家中客廳、浴室美化的好點子，讓家中生意盎然、充滿綠意。

*將白柚種子栽入培養土，沿著筷子排列整齊。

*柚子發芽了，我拿到小學示範時，老師、同學都很喜歡。

喜之客人生劇場

一天的生活好習慣②

洗臉、刷牙、使用衛浴設備是孩子一早起床後一定會做的事，讓孩子及早養成的生活好習慣，無論在家中、在學校、到親友家作客、出國旅遊住宿，都不會失禮，爸媽更放心。

爸媽只要仔細示範、多鼓勵，接著，就放手讓孩子自己試看看吧！

＊孩子早起要盥洗，刷牙時牙膏要由後往前擠，才不會浪費，用完記得蓋好蓋子。

＊牙齒的內外側都要刷到，才乾淨。

（參考第17堂課）

＊教孩子上完廁所後要洗手。

＊洗完手後，用毛巾擦乾。毛巾對折，開口向內擺，由大至小排好，這樣毛巾看起來就會很整齊。

（參考第16堂課）

＊洗手台旁可以放置一條乾抹布，洗手間使用完，記得用小抹布將洗手台擦拭乾淨，才不會弄濕下一個使用者的衣服。

躾

si-tsu-ke

喜之客

PART 3

個人生活禮儀

生活中最基本的盥洗、清潔、飲食、
美感習慣等禮儀都只是舉手之勞，
自己做起來從容不迫，和別人相處起來也舒服自在；
養成習慣後，孩子的舉手投足間會散發出教養與氣質，
也會有尊重群體、尊重他人的好品德。

第15堂課

好家教是傳承來的

現代人子女生得少，父母親負擔卻越來越大、越來越忙碌。很多媽媽工作之餘，還忙著接送孩子往返才藝班、補習班、課輔班，催促孩子早早學會五花八門的才藝與功課，一天奔波下來，無論是媽媽、孩子都很累。但是，孩子生活的禮節、親子情感的交流，卻往往在忙碌與壓力中被忽略了，導致親子的互動與家庭生活日漸疏離，甚至忘記生活的本質是愛與關懷。

父母們多花些心思，好好經營家庭生活，才是孩子真正的幸福。一味

＊和孩子快樂的互動，才是最珍貴的事情。

的盯住孩子課業、才藝，卻放任基本的家庭教養不管，孩子們成了「小皇帝」、「生活無能」，在家是父母的負擔，在外還會「顧人怨」造成團體生活的不便，不懂打理自己，也無法自助助人，人際關係不能圓滿、順心，這是愛之適足以害之的惡果。到時候，打孩子、怨嘆孩子不成材，也都太遲了。

在個人生活禮儀的學習上，「喜之客」包含了最基本的盥洗、清潔、飲食、美感習慣的養成，這些好的禮儀都只是舉手之勞，自己做起來從容不迫，和別人相處起來也舒服自在；我們社會中惱人的髒亂、粗魯、不尊重他人的現象，不就可以大大的減少了嗎？這是利人利己的好事情，爸媽們可不要輕易錯過機會啊！

喜之客小祕訣

全家都是喜之客

好的教養可以代代傳承。孩子學會了，不但自己做得好，也可以再感染、傳遞給其他的家人。比如說，我教孩子洗完手要用毛巾擦乾，才不會用濕濕的手握門把、碰觸燈光開關，弄髒下一個使用者的雙手。有一天，念幼稚園的小外孫用歪歪扭扭的注音符號寫紙條貼在燈光開關旁：「爸爸，洗完手要擦擦」，女兒、女婿看了笑呵呵。家人互相關愛、提醒的感覺真好。

第16堂課

學習衛浴禮儀，孩子教養好

●適合年齡：一歲半即可開始學習

衛浴間、洗手間往往是台灣人最不重視的地方。其實，我們每天都要上洗手間潔淨自己，怎麼可以忽略它呢？台灣人使用過洗手台、水槽後，往往殘留水漬，讓下一個使用者的衣裾沾得濕漉漉的，影響心情。例如有一個爸爸，早上趕著上班開會，換好西裝、打好領帶，用洗手台洗手時，因為碰到太太孩子留下的水漬，沾濕了西裝和領帶，還得重新換上一套，這可就多一道手續了。尤其，現在出國旅遊很風行，台灣人，無論大人小

*浴室洗手台旁擺一條乾抹布，隨手擦拭以保持乾淨。

孩，在飛機、火車、飯店如廁後，記得沖水及保持環境乾淨、注重衛浴禮儀，才不會貽笑大方。

我習慣在家中的浴室洗手台旁擺一條乾抹布，如果使用時沾濕，就隨手擦拭以保持乾爽，也注意不要隨手甩水，而應使用擦手巾或毛巾揩拭乾淨。為了保持整潔，我家的擦手巾、毛巾都會對摺、由小到大整齊掛在毛巾桿上，要將開口邊朝內，從入門方向看到的景象會更利落。

這些細節看起來瑣碎，

重要的是培養孩子的觀念，孩子只要有學習的意願，即使因為幼小、手眼協調還不完善，難免會「脫搥」（閩南語，對不準），爸媽就要戒掉囉唆，讓孩子在實作中熟能生巧，就會做得更好。養成習慣後，孩子的舉手投足間會散發出教養與氣質，也會尊重群體、尊重他人的好品德。

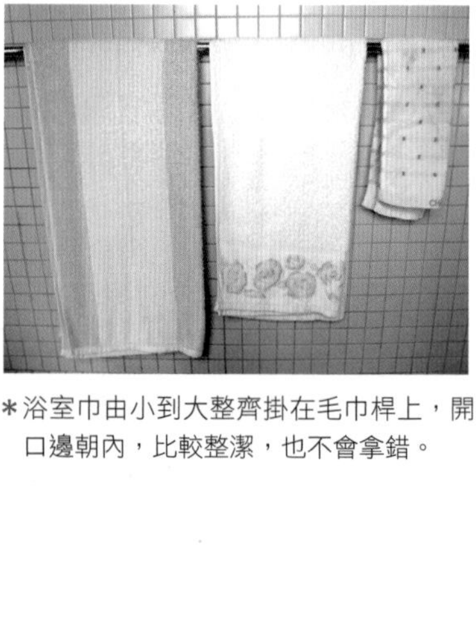

＊浴室巾由小到大整齊掛在毛巾桿上，開口邊朝內，比較整潔，也不會拿錯。

喜之客小祕訣

浴廁也要美美的

我很重視家中浴廁的整潔。毛巾、衛生紙、衛浴用品都有固定的擺放位置，便於取用。我也利用身邊隨手可得的材料，例如小盆栽當作角落擺飾，自己隨手塗鴉的畫作掛牆壁，讓浴廁也能成為家中一個整潔溫馨的小天地。家中處處都美，不是一件很幸福的事嗎？

＊浴室一角放置小盆栽裝飾，看起來更乾淨舒服。

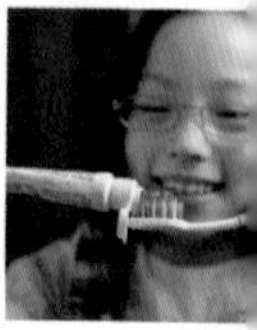

第17堂課

讓孩子乾淨清爽的洗臉、刷牙禮儀

●適合年齡：
一歲半即可開始練習

我們大人可以輕鬆的洗臉、刷牙，把儀容打理乾淨，是因為已經習慣多年；孩子可不一樣。對他們來說，很多事情都是頭一遭，這些生活習慣都是要在未來的人生裡慢慢經歷、慢慢養成。爸媽需要注意，孩子都喜歡模仿父母的行為，如果爸媽重視儀容整潔、有正確的生活習慣，孩子就會學得好。

洗臉是孩子靈活使用雙手的好機會。一歲半的孩子就可以學習洗臉了，兩、三歲的孩子可以靈活控制手臂、手掌，就能洗得很好了。年紀太小、搆不著洗臉台的孩子，不妨給他一個專用的水盆，或是一個墊腳台讓孩子站在上面。爸媽教孩子洗臉的步驟是：

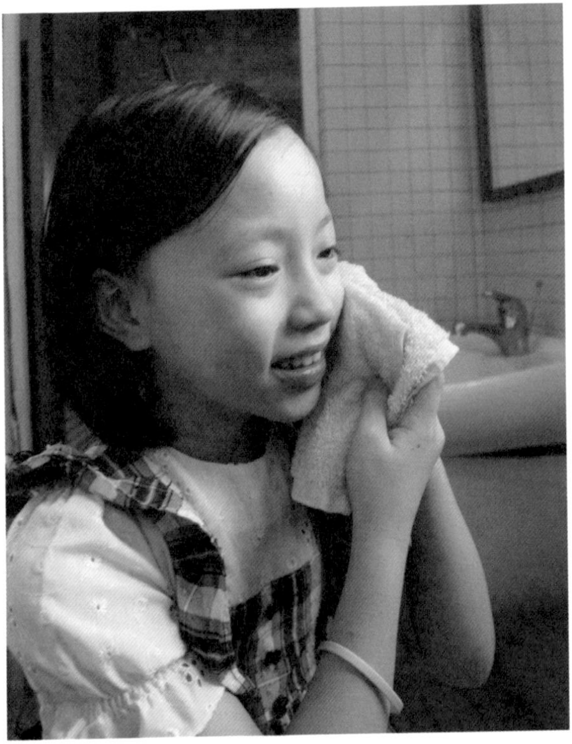

＊儀容整潔的孩子，給人好印象。

◎先將水盛在洗臉台或水盆裡，教導孩子用雙手指尖貼緊，撈起水將臉沾濕。

◎如果臉不髒，用濕毛巾擦拭就可以；如果臉特別髒，就要用肥皂搓出泡沫，按摩臉部。

◎撈起水，將泡沫潑洗乾淨，接著用乾毛巾拍乾。

◎洗臉後別忘了照照鏡子，確認是否洗乾淨了。

◎離開前別忘了用小抹布擦拭洗臉台的水漬，方便下一個人使用。

要提醒的是，孩子入學前要學會洗臉，養成髒污時主動清洗的好習慣。一個人的外觀就是內在教養的展現，有乾淨的外表，才能給同學、老師整潔、清爽的好印象。阿嬤覺得，每個孩子都是活潑可愛的，不需要花工夫過分裝飾，只要打理乾淨、衣著整潔，就能讓人油然而生喜愛之心。

喜之客小祕訣

洗臉別忘了小細節

孩子對於自己的身體構造、何處容易藏污納垢還不清楚。常看見洗完臉的孩子的髮際還留著泡沫，或耳後還有污垢，雖然是小細節，但看起來就是不夠清爽。爸媽可以提醒孩子多照鏡子檢查，若有兄弟姊妹、鄰居，可以彼此關照注意，也是培養感情的好方法。

牙齒是自孩子出生，家長就要特別重視的一部分。尤其是現在孩子常吃甜食、飲料，若不懂得刷牙，孩子蛀牙率會提高。在嬰兒時期，父母要用手指包裹紗布，為孩子潔牙，讓孩子的口腔保健有一個好的起點。滿一歲半就可以替孩子添購兒童專用的軟毛牙刷與漱口杯，開始教導刷牙。為了讓小孩養成餐後立刻刷牙的習慣，父母也最好一同刷牙來提醒孩子。爸媽教孩子刷牙的步驟是：

◎教會孩子擠牙膏，牙膏罐要由後往前擠，避免由中間擠，造成浪費。

◎擠出牙膏後，另一手握住牙刷，沾滿刷面的量就可以了。

◎牙齒的內、外側都要來回、上下刷到，尤其是牙縫部分是細菌的溫床，要仔細刷乾淨。可以先抓著孩子的小手示範，幾次後孩子就學會了。

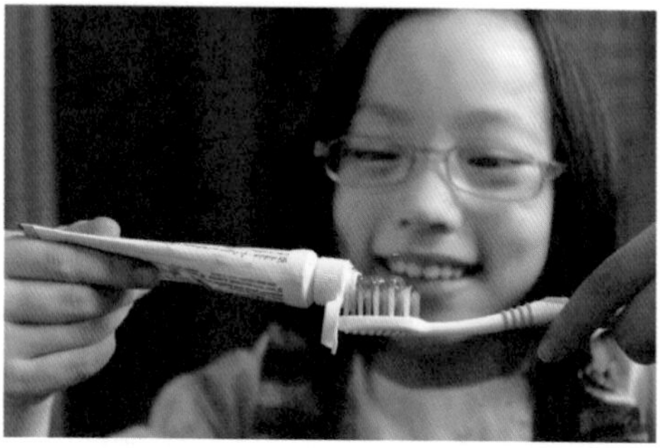
＊牙膏罐要由後往前擠，擠出沾滿刷面的量剛好。

＊刷牙要仔細，上下左右每個角落都刷到。

◎教孩子漱口將口中牙膏泡沫漱淨，口齒清新的感覺真好。
◎沖洗牙刷及漱口杯，以免藏污納垢。

除了刷牙，每年定期接受牙醫檢查也是牙齒保健的要點。飲食中補充足夠的營養、搭配刷牙的好習慣，就能培養孩子健康的牙齒與清爽的儀態。如果孩子剛開始時不想學，爸媽要陪著他一起做，以便養成習慣。重要的是要定時、且要持續，不要三天打魚兩天曬網，這樣孩子是學不好的。

阿嬤建議，讓孩子擁有一套個人衛生用品，如毛巾、牙刷、漱口杯，另外碗筷、水杯等餐具也可以特別為孩子購置。選購時，別忘了選擇品質優良、經久耐用的，可以使用得更順手。告訴孩子，這是爸媽為孩子精心選擇的，讓他好好珍惜。如果經濟許可，多買一套備用，便於來訪的同學朋友們使用，也是父母對孩子的愛與關心的表現。

喜之客小祕訣

潮流是一時的，不要被它牽著走

許多媽媽、阿嬤們不重視儀表，甚至覺得在家中蓬頭垢面也無妨。這樣的想法不一定對。一位外表隨便的媽媽，自己看了不舒服，孩子有樣學樣起來，也會是個不整潔的孩子。重視儀表，不是指常上美容院、購置當季流行服飾，而是只要將頭髮梳理整齊，衣物選擇款式簡單樸素、質料佳者，搭配得宜，看起來便有精神、有氣質，再加上微笑，就很美了。我身上的衣物常有幾十年歷史，但都盡量維持，這也是對環保盡上一份心意。替孩子打點穿著時也不需講究名牌，只要保持乾淨、常換洗，就能給人清爽大方的印象。孩子在耳濡目染之下，也能汲取創意，學會衣著品味。

我有五個孩子，在物質窮困的時代，小女兒要當花童，我想為孩子做一套漂亮的洋裝，缺少適合的布，我就拆開自己的衣服改成孩子的，穿起來跟新的一樣。當天婚禮上的女兒，也是最可愛的小花童。孩子慢慢的大了，那套洋裝還保留在我的衣櫃裡，想到就覺得很甜蜜。現在我的孫女也長到當年女兒的年紀，洋裝因為料子好、耐穿耐洗，到現在還可以傳給她穿。這是我幾十年來當主婦最開心、最值得紀念的事情。

＊一件四十年歷史的洋裝，女兒、孫女都穿得到。

第18堂課

出入鞋子擺放整齊

●適合年齡：四歲以上

家中的玄關每天接送爸媽上下班、孩子上下學，是家中的好守衛，也是重要的門面。台灣人往往不注意外出鞋、拖鞋的擺放，隨意擱置，看起來不僅不美觀，也讓找鞋、穿鞋成了麻煩事。因此，從小教孩子整理玄關、鞋子擺放整齊，也是不可忽視的。四歲左右的孩子對物品的放置、歸位已有概念，可以協助整理玄關的鞋子。

留意鞋子擺放需區分室內拖鞋、室外的布鞋、皮鞋。拖鞋的擺放應鞋頭朝內，可放置室內地板上；外出鞋則鞋尖要朝外擺放，可放置於玄關地上。如此，無論是出門換上外出鞋，或是回家換上拖鞋，都可順向穿脫，有效率又不會弄髒襪子。

玄關處鞋架及拖鞋的整理是很簡單的家務，可以放心交付給孩子。孩子剛開始找不到成對拖鞋，或是對不正，確實會令大人頭痛，唯一的辦法是陪孩子一起做，慢慢等，孩子就會對得正、找到秩序。

也可以提醒孩子，當爸媽回來時，出來迎接打招呼，說聲：「歡迎回家！」倒杯水給爸媽，體會父母親在

*室內鞋的鞋頭朝內，外出鞋則鞋頭朝外，便於出入穿脫。

外打拚養家的辛苦，也表達感謝。同樣的，當孩子放學回家時，爸媽也可以跟孩子打招呼：「你回來啦！」「今天在學校開不開心？」適時給予鼓勵與關懷，也倒杯水給孩子喝。如此一來，玄關也成了家人彼此互相關懷的美好空間。像我，每天都期待著孫子喊「我回來了！」的聲音呢。

喜之客小祕訣

自製拖鞋收納架

我很喜歡用多餘的布料或是環保的材料，東抓西湊來做裁縫。自己親手做的東西雖然不夠嶄新或完美，但它跟市售成品就是不一樣，充滿個人特色與創意，擺置在家中總是特別溫馨。孩子看了也愛學，想動手製作手工藝品。自己動手做，可以培養孩子的創造力與專注力。我拿過期的布製年曆，算好大小，再車上幾格布料，就可以當拖鞋收納架了。它是個可愛的家飾品，也讓孩子幫忙整理備用拖鞋時更為便利。

*親手縫製的拖鞋收納架。一格放一雙，整齊、方便，還可以當擺飾呢！

第19堂課

學習餐桌禮儀，用餐得心應手

● 適合年齡：三歲以上

每日用餐不只是吃東西，也是家人、朋友團聚的重要時光，如果能用點心注意用餐禮儀，儀態就會看起來優雅大方，當有一天面臨大場合時，就不會慌亂了。西方人吃一頓飯很講究，刀叉杯盤樣樣都要顧；我們台灣人的用餐習慣，不像西式，有特別講究的禮儀，只要你注意一些小動作，就可以簡單達成，對孩子來說也很容易。能上餐桌吃飯的三、四歲上幼稚園前後的孩子，就可以學習。孩子的餐桌禮儀最好在小學入學前就訓練完成，以便上學時能愉快享用便當或營養午餐。

用餐禮儀

首先由筷子的正確使用方法開始。會拿筷子不僅便於進餐，也能訓練孩子手部，做出更複雜精確的動作，提高手腦的協調程度，是孩子智力發展不可少的一課。

筷子適當的拿法是以拇指輕扣，食指、中指夾住上筷，下方的筷子不動，以上筷的開合來夾取食物。持筷子的位置位於中間偏上，動作最便利。初學的孩子手指頭可能不聽使喚，要提醒孩子以全神貫注的心情來運用筷子，熟悉後就能靈活運用。

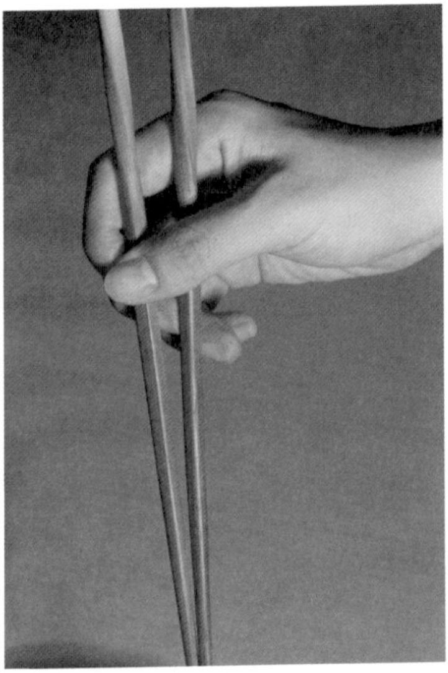

＊正確的筷子拿法是以拇指輕扣，食指、中指夾住上筷，開合上筷來夾取食物。

夾食物入口時，提醒孩子筷子方向要與臉垂直，直直將小口食物送進嘴裡，不要筷子打橫著放進食物，嘴巴才不會張得太大，不夠雅觀又狼吞虎嚥，造成腸胃負擔。

當用餐一半休息一會兒放下筷子時，該如何擺放呢？阿嬤建議每個用餐者都配置一副放置筷子的墊子或小盤子，筷子的前端靠在上面，衛生又美觀，在全部用完後，把筷子橫放於碗上，就表示吃飽了。

阿嬤發現，許多已學齡的孩子不能靈巧使用筷子，是因為家長沒有自小教孩子使用，只讓孩子握湯匙；而幼兒園裡供應餐點時，也大都使用湯匙，孩子自然學不會。甚至許多爸媽自己拿筷子的方法也不正確，當然無法教會孩子。因此，要教孩子，要從闔家用餐開始。爸媽自己的拿法有誤時，也要立即糾正，才能為孩子做好示範。

也許有人會問，為什麼一定要使用筷子？拿湯匙或刀叉不行嗎？筷子是適合台灣料理的餐具，我們習慣吃米飯、麵等搭配肉類和蔬菜，用筷子能更便利地夾取食物入口。筷子是我們老祖宗的飲食智慧，不好好運用是多麼可惜。

喝水禮儀

如果是用玻璃杯裝水，記得裝八分滿即可，手握住杯的中、下端，才會穩當。如果杯子裡裝冰水，可附上一張餐巾紙，將手掌與杯身隔開，餐

＊筷子方向要與臉垂直，直直將小口食物送進嘴裡。

＊正確的水杯拿法是握住中、下端。若拿冰水，可再墊上一張餐巾紙避免手滑。

紙吸附水分，手掌就不會被沾濕，可避免杯子滑落，也可保持桌面乾淨。

如果是喝茶，最好使用杯墊保護桌面。可以教孩子分辨那些看起來很像的餐具：有凹槽的碟子是用來放置茶杯的，平底的碟子則是裝點心的，讓孩子不會裝錯。

用餐規矩

進餐時要教孩子注意一些要領，可以幫助孩子養成良好的用餐禮節。包括：每一口都要細嚼慢嚥，不要囫圇吞下；桌面不要擺放玩具，以免孩子邊吃邊玩，也不要邊看電視；注意不要將食物掉得滿桌都是；在用餐時不可任意離座亂跑，免得打擾他人；餐畢離席時，要將椅子收好，以便行走。

正在長大發育的孩子，心理的發展上正處於「建立自我意識」的階段，喜歡說「我就是要如何……」，孩子可能討厭大人的指導，想要照自己的心意來做。大人們掌握安全的大原則，小地方的做法倒是可以寬容、變通的。如果用強硬、指揮的態度，對教孩子是沒有效果的，也會打壞親子相處的品質。我在校園裡推行喜之客時，每個孩子只要得到足夠的時間、空間，找到學習的動力與樂趣，表現出的成果是超過大人想像的！

第20堂課

和孩子一起開發五感

●適合年齡：出生即開始，四、五歲可加強

現在市面上有些特別教導品味、創意的課程，其實，品味就在生活中的小細節。比方說吃一口飯、喝一口茶，可以大口吞、食不知味的吃進去；但是慢慢地品嘗，讓食物的味道在齒間慢慢地展開，在口間飄蕩，不是更好嗎？細細地品味每一口食物的孩子，能享受幸福的感覺。其實，敏銳的五感——視覺、聽覺、嗅覺、味覺、觸覺，是人珍貴的天賦，只是需要一點一滴的灌溉、開發，才能慢慢培養、甚至能完全發揮出來。五感開發的孩子，在未來的生活上可以有更多感觸，情感更豐富、更快樂，這是任何人都不能奪走的。

孩子的感覺發展是從出生就開始，五感的敏銳度則是四歲左右快速發展，所以，孩子從出生就可以開始看看、摸摸、聞聞，到了四歲左右則可以帶著他們一起欣賞、品味外界事物。等到六歲以後，對細節的關注更為全面，可以做更細緻的觀察與創作。開發五感的方式是很自由自在的，例如我喜歡玫瑰花，家裡常有鮮紅的玫瑰花。孩子看了花，感到好奇，我便可以教導他這是玫瑰，它有美麗的顏色，高雅的香氣，厚而絨面的花瓣，還有細細的尖刺，孩子觀察、欣賞玫瑰的質感，就能將玫瑰的美記憶下來。懂得品味的孩子，才會珍惜與感動於身邊的一切事物，這是孩子和外界建立感情的基礎。

鮮豔的玫瑰不僅可以欣賞，還可以製作成乾燥花。製作的方法很簡單，孩子也可以一起做。只要將花、葉、枝上的塵土沖洗乾淨，再用吹風機將花蕊吹開（避免揉搓造成損傷），再直立倒掛在牆上陰乾即可。美麗的花可以保持它的生命，孩子可以看到花的更多樣貌、姿態，真是讓人開心的事。

我也喜歡哼哼唱唱，和孩子一起唱歌，可以奠定音感的基礎，避免「五音不全」的問題。不要有壓力，輕鬆的哼唱就好。無論是下廚、洗澡、散步，隨性的唱出來，心情就會輕鬆許多，即使有煩惱，也會一掃而空。

喜歡唱歌的我和協會夥伴們，為最喜愛的傳統府城料理「五柳枝」做了一首歌。這是資源不多的古早時代，也可以做出的一道美麗大菜。《五柳枝》是這樣唱的：

紅燒魚、五柳枝，酸酸仔酸微微，芳擱會甜。
有咱台南人的滋味，攏有阿嬤的思想起。
紅燒魚、五柳枝，酸酸仔酸微微，芳擱會甜。
想起古早迄當時，生活甘苦真稀微。
紅燒魚、五柳枝，金針青菜絲，蒜頭木耳，
歡歡喜喜去牽羹，煮一盤好吃的料理。
五柳枝、五柳枝，酸酸仔酸微微，芳擱會甜。
有咱台灣人的滋味，攏有阿嬤的一點心。
將囝孫仔牽牽做一堆，將囝孫仔牽牽做一堆。

我和孩子唱著、唱著，孩子笑了，我的眼角卻濕濕的。我想想，時間過得真快，社會的變遷，人、事、物都遠了，台灣富裕了，但是這道「五柳枝」料理永遠在阿嬤的心底。希望府城的傳統、阿嬤對孫兒的愛，能永遠傳承下去。

喜之客小祕訣

「五柳枝」的由來

「五柳枝」是古早時生活條件差、又要講求營養均衡豐富之下，所孕育的一道府城菜色。煮食人把廚房裡所有的蔬菜如紅蘿蔔、薑、木耳、金針等切絲，好像柳樹葉掉進池塘一般，黑的、黃的、綠的、白的，色彩繽紛，美不勝收。優美又富有營養的「五柳枝」，和在地的紅燒虱目魚勾芡，加入黑醋、香菜、青蔥，就是一道色香味俱全的料理。

孩子們看著美麗的配色，聞到撲鼻的芳香，嘗到口裡，有鮮嫩的魚肉、又有青翠的蔬菜，芳擱會甜好下飯。孩子學到了品味料理，又補充了營養，五柳枝，我真感謝你！

阿嬤給爸媽的特別提醒

用隨手可得的小東西培養孩子的美感

台灣老一輩的人，想要什麼東西，第一個不是想怎麼買、多少錢，會先想一想是否真的有需要？能不能從現有的東西「變」出來？舊東西要丟棄前也再三思量，有沒有再利用的方法。我們的社會風氣是講求潮流、時尚，想到需要什麼就花大筆錢買，用膩了就扔掉成為垃圾。這不是我們對待大自然應有的態度。懂得惜物，可以環保愛地球，也能發揮更多的創意，甚至可以培養更多的個人風格呢！

我成立了五柳枝生活文化協會推廣生活藝術，不但是希望台灣家庭生活能更有品質，也希望打破一般人談到藝術就要「花大錢」的錯誤印象。例如，教孩子做美術，不一定需要昂貴的教材、美勞工具，也可以在生活周遭多多收集小東西，像小石頭、枯葉、小碎布、包裝紙盒、相思豆等，運用這些不用錢的小東西，加上一點巧思，就可以是一件藝術作品。孩子揮灑創意、愛上創作，為每天的生活添加源源不絕的樂趣。

＊一塊缺口的鵝卵石、配上一顆小石頭，像不像聖母馬利亞抱著耶穌呢？

*隨地撿拾的落葉、貝殼碎片、相思豆、小石頭構成的壁飾。

我曾在出遊時順手撿起破了一角的石頭，在缺口處放一塊小石頭，看起來好像聖母馬利亞抱著聖嬰耶穌；在海邊散步拾獲的落葉、枯木，只要稍作整理，組合上一些小東西，如幾個小貝殼、幾顆相思豆，又是一幅可以玩賞好久的風景。孩子看我愛創作，也跟著我玩起來，一幅幅童稚可愛的畫，讓家庭的氣氛感染得更溫馨。

我在媒體上看到，近年有人推行簡單、環保的生活方式，叫做「樂活」，其實這不是新的想法，也不是新的潮流，這是我們經歷過物資缺乏、生活困頓時代的台灣阿嬤共有的生活經驗。在不富裕的生活裡，想要多一點樂趣、多一點美感，不就是這樣不亂買、不亂丟，利用現有材料自己動手發揮創意嗎？

Super阿嬤希望這些「有的沒的」經驗，能夠提供父母和孩子一些靈感。爸媽們，不妨和孩子一起開始觀察、發掘身旁一切美麗、有趣的小事物，孩子能跟著學到發揮靈感，每天都變出新東西、新花樣來，生活怎麼會無聊呢？又何必擔心孩子會學壞呢？

喜之客人生劇場

一天的生活好習慣 3

要啟發孩子的創造力、培養生活自理能力，最簡單的出發點就是每天和孩子一起做家務。對孩子而言，能和大人共同分擔一件重要的事，既有趣、又有成就感，也能激發孩子對互助合作的初步認識，以及接受服務時的感激之心，成為不自私的孩子。

幫忙整理玄關、收拾衣物和襪子，就是不必特別花錢，能教養孩子、又凝聚家人情感的好方法。

*爸媽從小就可以將玄關整理交給孩子負責，孩子出門、回家時幫忙整理拖鞋，養成衛生觀念。

（參考第18堂課）

＊室外鞋的鞋頭朝外擺放；室內拖鞋的鞋頭朝裡擺放。不但方便穿脫，襪子也不會踩在地板上，防止弄髒，洗襪子也省麻煩。

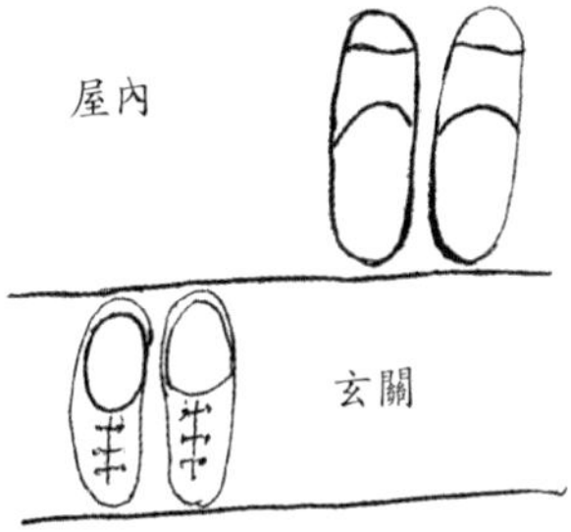

＊幼齡孩子常將襪子穿歪或穿反，記得穿襪子時，從襪頭向下捲至底部，套到腳上；記得先調好襪底，再往上拉，就不會弄反了。

（參考第13堂課）

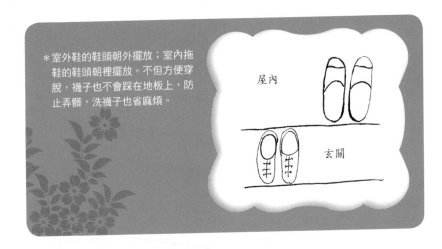

＊脫襪子時，由襪口向下捲至腳跟，由前方拉出脫下的襪子，洗的時候，就可以正面洗滌，省了翻襪子的手續。

＊摺襪子時，將兩隻襪子重疊對齊，將下方的襪子襪頭往外翻，包住上方襪子的襪頭，接著將上方襪頭朝襪尾捲起，下方的一隻則直接塞入捲起的襪頭中。

＊拿筷子的正確示範，要用食指和中指夾住上方的筷子，用拇指指尖扣住，下方筷子輕輕靠在無名指上，這樣拿最輕鬆自在，看起來也最優雅。

＊夾取食物時，下方筷子維持不動，用張開（或收緊）上方筷子來固定食物。

（參考第19堂課）

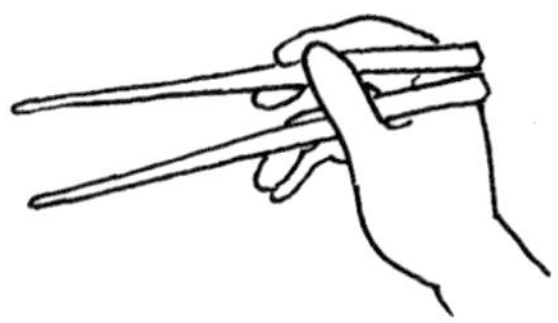

＊學著用筷子夾取小塊食物時，可以讓孩子練習夾花生。

＊用食指和中指壓住上方筷子，縮小和下方筷子的距離來夾住食物，下方筷子不動。

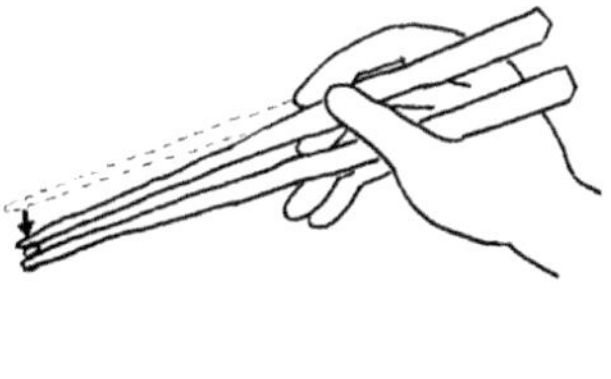

＊讓孩子練習用筷子夾較大塊的食物。

＊用食指和中指壓住上方筷子，張大和下方筷子的距離，下方筷子一樣不動，就能牢牢夾住了。

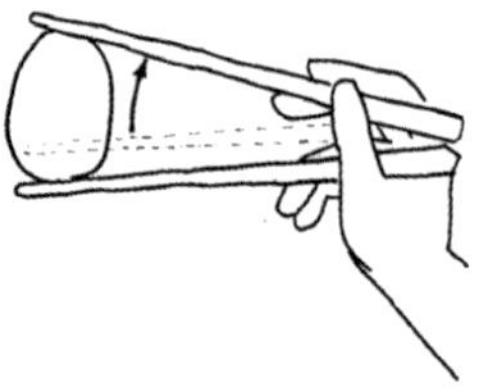

＊用玻璃杯喝水時，水裝八分滿就可以了，不要過滿以免溢出。

＊如果裝的是冰水，可以附上一張餐巾紙將手與杯身隔開，利用紙將杯身水分吸乾，手就不會被沾濕，可防止杯子滑落。

＊五柳枝池塘，Super阿嬤油畫作品。

Smile 102

喜之客──Super阿嬤的超級教養術

作者：Super阿嬤 李金娥
攝影：邱勝旺
責任編輯：林雲
美術設計：周家瑤
採訪整理：林雲
文字校對：呂佳真
法律顧問：全理法律事務所董安丹律師
出版者：大塊文化出版股份有限公司
地址：台北市105南京東路四段25號11樓
網址：www.locuspublishing.com
讀者服務專線：0800-006689
TEL：(02) 87123898　FAX：(02) 87123897
郵撥帳號：18955675
戶名：大塊文化出版股份有限公司

總經銷：大和書報圖書股份有限公司
地址：新北市新莊區五工五路2號
TEL：(02) 89902588 (代表號)　FAX：(02) 22901658
初版一刷：2012年1月
ISBN：978-986-213-282-1
定價：新台幣 280元
Printed in Taiwan

國家圖書館出版品預行編目

喜之客：Super阿嬤的超級教養術 / 李金娥著,
--初版一　台北市：大塊文化, 2012.1
面；　公分. -(Smile系列；102)
ISBN 978-986-213-282-1(平裝)

1.家庭教育

528.2　　100020395